なぎまゆ

物事を「いる・いらない」に分けただけで、

貯金ゼロから「貯められる人」になりました

なんか今月は日用品の合計金額が多いな…
来月は日用品の購入を控えればいいのかな…

Contents

ガンッ
たしかにこの家計簿のつけ方だと節約してお金を貯めるのは難しいかもしれない
ええ!?

洗剤をダウングレード
すればいいのかな？
トイレットペーパーを
節約すればいいのかな？
何がいけないんだろう…

はじめに ご挨拶

こんにちは
漫画家のなぎまゆと申します
このたびは『物事を「いる・いらない」に分けただけで、貯金ゼロから「貯められる人」になりました』を手に取っていただきありがとうございます
今までに私は
常に床に物があり何がどこにあるか把握できていない「元・片付けられない人間」だったのですが
うわっ
何か踏んだ!?
CDケースをしょっちゅう踏んで割ってた…
バギッ
あれ〜? どこに置いたっけ
紆余曲折を経て「普通に片付けられる人間」になり
生活の邪魔をしないように物を配置できる
出した物を元の位置に戻せる
部屋の維持管理を無理なくできる
その経験を踏まえて友人宅の片付けを手伝ったエピソードを綴った「片付け漫画」や
あわわわ
大丈夫!
イける!
かつての私と似た状態の友人の部屋が
このように!
漫画は3冊!
重版出来!
書籍も発売中!

人生の大半を
軽肥満体型で過ごし
もういい年齢だからと
ダイエットを
諦めていた私が
いい年だし
人に会わない
職業だし
もうどうでも
いいや〜
自身の持病の悪化と
友人の発病を
きっかけに
ダイエットを再開
友人は
糖尿病に
足が攣《つ》ってる
自身は
変形性
股関節症の
悪化
身体が
重いから
余計に痛い…
ダイエットと
リバウンドの
繰り返しで
苦しんだ
過去の経験から
ずーっと
肥満と
ぽっちゃりを
行ったり
来たり…
無理することを
徹底的にやめることで
きちんと食べて
痩せる！
続けられる
運動を
取り入れる！
とにかく
「効率」より
「継続」を重視
今までで一番
楽に17kg痩せた
経験を綴った
「ダイエット漫画」を
出版させて
いただきました
わーーい！
171cm 79.8kg
↓
171cm 63.0kg
こちらも
重版出来！
痩せるより大切なことに気づいたら、
人生で一番楽に17kgのダイエットに成功しました
なぎまゆ

今回の本のテーマは
お金
ですが
私は
お金に関しても
片付けが
できなかった
こともあって
お金がやたら
部屋に
落ちていたり
何でお金が
落ちてるのッ
片付けなさいッ
えー…
うん……
子供の頃に
よく怒られていた…
一見ラッキーな
ように見えるけれど
管理ができていない
時点で全然ダメ
20代の頃は仕事の
ストレスからか
ある日突然
使い道のない
ブランド物を
買い漁るように
なってしまったり
先週も今週も
買って買って…
私何してるん
だろう…
最初こそ
褒められたり
していたが
途中から
心配&ドン引き
される
また買ったの…？
大丈夫？
買った瞬間
までしか
楽しくないので
テンションが低い
当然の如く
数年分の
貯金が溶ける
ひぃぃぃ

投資という言葉を知った時に ろくに調べもせず
単に「好きなサービスを扱ってるから」という理由である個別株に投資した瞬間
ここのサービス好きなんだよね〜♥
ギュン
って起きたら何かすごいことになってる!?
ガタッ
大暴落を食らって大損をするなど
一通りの失敗をやらかしてきましたが
あの時のお金が今あれば…
あんな使い方をしていなければ…
ズーン…
年を重ねるごとに自分なりのお金の管理方法を構築していき
貯金も少しずつできるようになりました
使う所には使って
使わない所には使わない
短期的にも長期的にも計画を立てる
そんな中
友人Yさんの家計改善のお手伝いをする機会がありまして
特別贅沢はしていないつもり
働いていて収入もある
40代という年齢的にもそろそろ真面目に将来のお金のことを考えたい
貯金をしたくて何度かチャレンジしたがいつも失敗に終わってる

家計改善までの経緯を
漫画にすることを
許可してもらえたので
本書では
そのあたりを
綴っていきたいと
思っています
あ〜
全然好きに
描いて〜
おおお
ありがとう…
世間は投資だの
老後○千万円問題だので
騒いでいるけど
そもそも
そんな先の
お金のことを考える
金銭的な余裕がない
何とかしなきゃと
思っているけど
どうしていいか
分からない
など
かつての私や
Yさんと
同じお金の悩みを
抱えている方に
本書の内容が
少しでも
参考になれば
幸いです
よろしく
お願いします〜

第1話

なぜかお金が貯まらない…

きゅ
給料日前だけど残高……
な
何とか大丈夫か…ッ
ピッ
ピッ
良かった…
ガシャッ
ああっ
出し額
¥20,000
時間外手数料
¥220
時間外手数料取られた
も～…
まあ現金確保できたからいいか…
ふう…
ザァァァ
げっ
雨降ってきた！
傘はないし雨の中これからスーパーに行くの厳しいな…
割高だけど今日はもうコンビニご飯にしよう…
外食よりマシだし…
コンビニ弁当って遅い時間でも割引されないんだよなあ
あっ
新作のスイーツだ！
おいしそ～
新発売!
…まあ1個くらいいいよね
雨で憂鬱になったし
週末だし自分へのご褒美
ありがとうございます
弁当：510円
スイーツ：190円
ペットボトル：130円
本日の夕食：830円

ふう〜
今週も疲れたぁ
ん？
ピリリリ
もしもーし
あ
Yさん？
なぎまゆ
だよ〜
なぎまゆさん！
おつかれ〜
どうしたの？
先日
言ってた
旅行の話
そろそろ
内容を
具体的に
決めたいと
思ってさ
……ああ〜〜〜……

実は今
ちょ――っと
お金がピンチでさ…
えっ
そうなんだ
うん……
じゃあ旅行は
一日保留に
しようか
お恥ずかしい…
うん……
……
なんだかなあ…
ハア…
今すぐ
生活が詰むとかじゃ
ないんだけど…
旅行とか
イレギュラーな
出費があると
何かいつも財布が
心許ない感じに
なっちゃって…
旅行
飲み会
冠婚葬祭
そうかぁ…
結婚式の
ご祝儀
3万円！
服もろくなのが
ないし
用意しなきゃ
こういう
イベントがあると
大体慌ててる…
贅沢らしい
贅沢をしてる
つもりは
ないんだけど…
フウ…
最近は
物価高だし
税金や社会保障費も
上がってるしね
ほんとだよ～～
キィ
先行きが
不安すぎる！

とはいえ私もいい年になってきたし
真剣に考えなきゃと思ってさ
ほう?
ゴソゴソ
ビデオ通話に切替→
じゃん!
どどんっ
家計簿!
家計簿
おおお
節約するには家計簿をつけるといいって言うじゃん?
正直面倒で今までろくにやったことなかったけど
ここ数ヶ月はちゃんと家計簿をつけるようにしてみたんだ
へええいいことじゃん
パラララ
まあでも…
やってはみたもののの正直効果は全然感じられないんだけどね…
スッ…
えっ

そりゃまだ
つけはじめて
間もないから
じゃないの
うーん…
いや…
何ていうか…
つけては
みたものの
結局何を
どうすればいいのか
よく分からない
っていうか…
むぅん…
動画やメディアで
見た人みたいに
家計簿をつけてから
みるみるお金が
貯まるように
なりました！
何と貯金
500万円！
ってなるような
道筋が全然
見えないっていうか…
そ
そうなのか…
ねえ
どう思う？
私何か
間違った
つけ方してるかな？
あの人たちと
私と何が違うと
いうの？？
見せてくれるのかw
それでは
失礼して
……
じ～～…

食費
(日)
2 缶コーヒー 110
にんじん 159
りんご 159
塩サバ 512
白菜 119
大根 210
4 缶コーヒー
ノリ
魚2 540
バナナ 99
日用品費
(日)
2 洗剤 350
ラップ 159
シャンプー 2100
リンス 1500
風呂マット 3300
トイペ 430
消臭剤 230
7 タオル 110
磁石
ビニール
収納フック
収納フック2
ハンカチ 110
娯楽費
(日)
1 アクスタ 1100
アクスタ2 1500
ぬい 1200
ぬい2 1200
4 チケット代 6800
5 漫画 700
漫画2 550
14 漫画3 1100
漫画4 1100
20 アクキー 900
25 コラボグッズ
コラボグッズ 110
衣類費
(日)
10 キャミソール 990
ブラジャー 2100
パンツ 550
25 ワンピース 5700
上着 5500
靴下 110
ズラ〜…
うーん…
すごく細かくつけたんだねえ
そうだよ〜ちゃんとレシートとかクレカの明細とか集めてさ
書きうつすの結構大変だったんだから
家計簿
これは…趣味で
これは…衣類
これは…
うんうん
あ〜あ
友達はこの間遂に家を買ったとか言っててさ…
遂にマイホーム購入!!
すごすぎ…
私なんて家を買うどころか近場の旅行に行くのすら躊躇してるというのに…
ハア…
……

働けるうちはいいけど…
何かあった時にまとまった貯金がないとまずいよなあ…
ハァ…
みんなどうやってやりくりしてるんだろう…
……
ってなぎまゆさん？どう？
ずっと無言だけど…
うーん……言いにくいんだけど…
たしかにこの家計簿のつけ方だと節約してお金を貯めるのは難しいかもしれない
ガーン
ええ!?

って
あれ??
カラッ
お金が
入ってない!

第2話

頑張って家計簿をつけても節約できない理由

ただただ文字が
いっぱいで
情報が迫ってくる
圧迫感というか
何がなんだかって
感じで見てて
混乱するっていうか…
家計簿
ぐるぐる
なるほどね
Yさんの家計簿から
パッと見で
読み取れる情報は
2つあって
読み取れる情報の
1つ目は
「使った金額」
何にいくら
使ったのか
1ヶ月にいくら
使ったのかなど
家計簿といえば
これ！って感じの
情報だね
例えば…
家賃に
75000円
化粧品に
2200円
今月の支出の
トータルは
○○円！
という感じ
美容院に
9000円
外食に
1100円
Tシャツに
2000円
まあ
そうだね

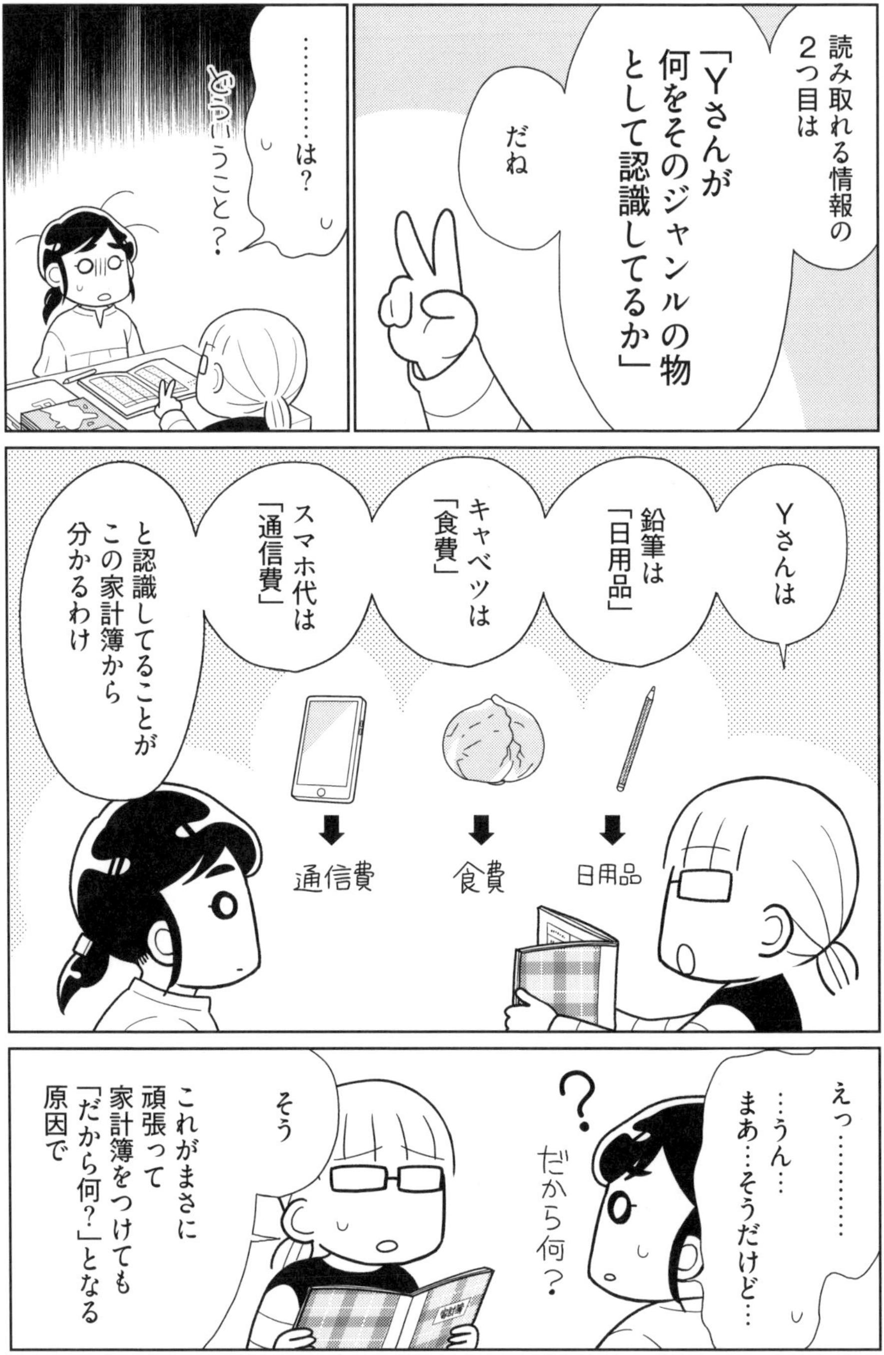
読み取れる情報の2つ目は
「Yさんが何をそのジャンルの物として認識してるか」
だね
………は？
どういうこと？
Yさんは
鉛筆は「日用品」
キャベツは「食費」
スマホ代は「通信費」
と認識してることがこの家計簿から分かるわけ
日用品
食費
通信費
えっ…………
…うん…まあ…そうだけど…
だから何？
そう
これがまさに頑張って家計簿をつけても「だから何？」となる原因で

言いにくいんだけど
こうやって支出を細かくジャンル分けすることって
正直節約とはあまり関係ないんだよね
ガーン
ええっ
そ…そんな…
ブル
ブル
け、結構頑張ってジャンル分けしたよ…？
私………
ええとサプリは…
医療費？
日用品？
ええと…医薬品じゃないし
日用品でいいのか？
あ～もうこんなのばっか！
うん…すごく大変だったと思うよ…
家計簿に印刷されてる通りにジャンル分けしたんだよ？
売り物なのにおかしいじゃん！
気持ちはすごく分かる…
食費
日用品
娯楽費
衣類
私も以前は同じように思ってて
家計簿に印刷されてるジャンル通りに収支をつけていた時があったんだけど
食費
日用品
娯楽費
水道光熱費

Yさんと同じく
労力の割に特に節約には繋がらなかったんだよね
ここから一体何をすればいいのやら…
結局食費が多い？のかな？
よく分からない…
食費
日用品
……じゃあ家計簿をつけたことは意味がなかったってこと？
この数ヶ月の苦労って一体…
いやいやそうじゃなくて
家計簿といってもいろんな形式の物があるんだけど
↓週ごとの物
○月 1日 2日 3日 4日 5日 6日 7日
月 火 水 木 金 土 日
食費
日用品
交通費
レジャー費
教育費
医療費
その他
↓月ごとのもの
○月
1 2 3 4 5 6 7 8 9 10 11 12 13 14 15 16 17 18 19 20 21 22 23 24 25 26 27 28 29 30 31
他色々…
今回の家計簿の形式がYさんの目的に合ってなかっただけだと思うよ
私の目的に合ってない…？
例えば

「ジャンル別に何を買ったか正確に記録したい」とか
先月買った「衣類」は
キャミソール1000円
下着500円
靴下3足700円か
KAKEIBO
「ジャンル別にどれくらいの金額がかかったか知りたい」など
食費は7万円
光熱費は3万円
かかったのか
※確定申告の帳簿などはこのパターン
そういう目的ならYさんの家計簿のつけ方でいいんだけど
Yさんの目的は
「出費を抑えて節約したい」
そして「将来に向けて貯金をしたい」
なわけだから
その目的に合った家計簿のつけ方をした方がいいんだよね
ひぃん…
目的に合った家計簿のつけ方…?
何をどうしろと…?
じゃあ説明するね

必要なのは「ジャンル別」ではなく「要・不要別」の家計簿

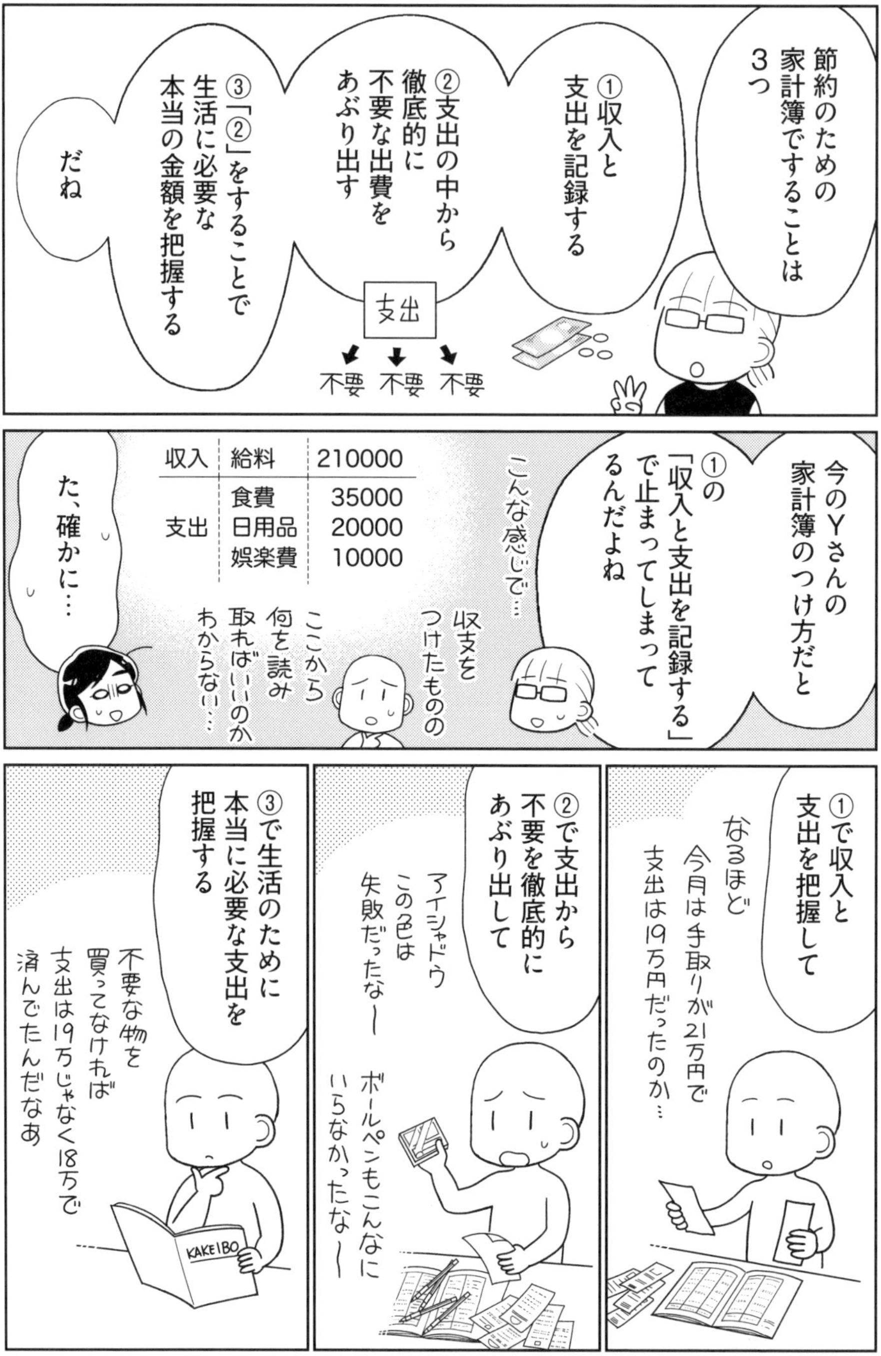

①〜③を毎月繰り返すことで
判断力がついて支出から無駄な出費をどんどん減らせるようになるんだ
このコスメかわいい〜♥
…いや似た色はもう持ってたハズ
今回はやめておこう
先月より無駄な支出が更に減ったぞ〜♪
な なるほど…
そしてそれをするための手段として
「ジャンル別の家計簿」ではなく
「要・不要別」の家計簿
を提案したいな
???「要・不要別」…?
聞いたことない…
例えばだけどこういう「ジャンル別の家計簿」のつけ方を
食費
菓子パン
キャベツ
ステーキ
衣類
靴下
ワンピース
下着
「要・不要別の家計簿」のつけ方にすると
こうなる
必要
キャベツ
下着
靴下
ステーキ
不要
菓子パン
ワンピース
おお…

見事に「ジャンル」はめちゃくちゃになっちゃったけど…
たしかに「要・不要」は一目で分かるね
必要
キャベツ
下着
靴下
ステーキ
不要
菓子パン
ワンピース
この2つが不要なんだね
実際はもう少し細かくつけるんだけど
考え方的にはとにかく
「支出を要・不要に分けてあぶり出すこと」
が重要なんだよね
「不要」の基準は人それぞれだけど
菓子パンは店の前を通る時に何となく癖で買ってたなあ
太るしやめてみよう
コンビニ
サイズが合わない服を買っちゃった
次からは必ず試着しよう
自分にとっての「不要」を具体的にあぶり出せれば
次の買い物から何に気をつければいいかが分かる
だから支出を減らすための行動ができるようになる
Yさんがつけていた「ジャンル別」の家計簿だと
一見きれいで分かりやすく見えるんだけど
食費
菓子パン
キャベツ
ステーキ
衣類
靴下
ワンピース
下着
ええと…この中で不要な物は…？
？？
実は自分にとって「何が必要な支出」で「何が不要な支出」だったかパッと見分かりにくいんだ
ジャンル別の家計簿があってる人ももちろんいるけどね

分かりにくいから
次の買い物で
何に気をつければ
支出を減らせるのかが
分からないし
なんか支出が
多いから
減らしたい
んだけど…
結局何が
無駄だったのか
分からないんだよな
とりあえず
食材を安い物に
変えてみるとか…？
きちんと家計簿を
つけているのに
節約に
繋がりにくいんだ
努力してみたけど
あんまり支出を
減らせてないな…
他に何をすれば
いいんだろう…
食費
菓子パン
キャベツ
ステーキ
おーい
衣類
靴下
ワンピース
下着
おーい
紛れている
「不要」が
パッと見
分かりにくい…
家計簿
なるほど
たしかに…
身につまされまくり…
「要・不要別の
家計簿」の
具体的なつけ方は
次から説明するね

「要・不要別の家計簿」の内訳

番号が若いほど
「今までの生活や習慣を変えなくても大きな節約効果が期待できるものが多いカテゴリ」
で
あとになるほど
「節約をするには今までの生活や習慣を変える必要があるものが多いカテゴリ」
なのね
①固定費
②不要
③贅沢費
④生活費
ほうほう
突然生活を大きく変えるのは負担がかかるので続かない可能性が高くなる
節約は一朝一夕ではなく継続的に行う必要があるので
無理なく続けられる方法から取り入れるべきなんだ
自炊を増やして欲しい物は我慢して節約のために努力しなきゃ
あ〜面倒くさい！
我慢してきたし今日は出前でリッチにする！
結局出費が増えてる…
なるほどね〜

さて
この4つの具体例だけど
固定費
不要
贅沢費
生活費
「固定費」は
家賃
水道光熱費
スマホ代
駐車場代
などがそれにあたる
「毎月もしくは定期的に出ていく支出」だね
月極駐車場
これはさすがに私でもわかるわ〜
「不要」は
使い切れないくらい買ってしまった物や
サイズ間違いなどの買い物の失敗
買ったけど使わず死蔵してしまった物
ATMの手数料など
なぜこれらにお金を使ってしまったのか原因を考えて「今後は同じことをしないように気をつけたい支出」だね
XS
ATM
ギクッ
うっ…
心当たりが…

「贅沢費」は
一人外食や買い食い趣味への課金
必要以上に高価だったり数が多かったりする物など
日々の潤いのために必要とは言えるけど「節約のために回数や質を調整したい支出」だね
ああ～そういうのならかなり心当たりがある…
「生活費」は
「『固定費』『不要』『贅沢費』以外の生活に必要なすべての支出」だね
服も食費も文房具も全部ここなの？
わけが分からなくなりそう…
それについては対策を後で話すから大丈夫だよ～
詳細は進めながら説明していくから
とりあえず支出をこの４つに分けるところからはじめてみてほしい
了解～！

第5話

「稼いでいれば貯金ができる」とは限らない

どんなに
稼いでたとしても
収入
＜
支出
じゃない限り
お金は絶対に
貯まることはないんだ
うう…
でもさあ
稼いでる人なら
その気になれば
貯金なんて
いくらでも
できそうじゃん
まあ収入が
ないよりある方が
貯金がしやすいのは
たしかだけど
Yさんは
「宝くじで何億円も
当たったのに破産した」
みたいな話
聞いたことない？
豪邸を買って
高級車を
買って
旅行に
行きまくって
そんなことを
続けていたら
いつの間にか
すっからかんに…
…あ～…
何か聞いたこと
あるかも
物を買う時に
「要・不要の判別」が
できないと
お金が手に入ると
入っただけ
もしくは
入った以上に
使ってしまったり
するんだ
ほほう

Yさんも
宝くじ大当たりまで
いかなくても
ボーナスが出た月に
財布の紐が
緩んだことは
あったんじゃない?
ギクッ
うっ……!
買ったまま
開けていない
紙袋
いくつもある
似たような
バッグ

要・不要の
判別が
できていないと
見栄で買う
バッグは
いくつも
持ってるけど
同じ物ばかり
使ってると
思われたくないから…
オシャレに
見られたいし～

衝動的に買う
きれいな手鏡を
持ち歩きたいから
買い!
緑の多い
生活をしたいから
買い!
似たような物を
すでに
持っているのを
忘れてる
いつも
枯らして
いるのを
忘れてる
これを月に
何度も
やらかす…

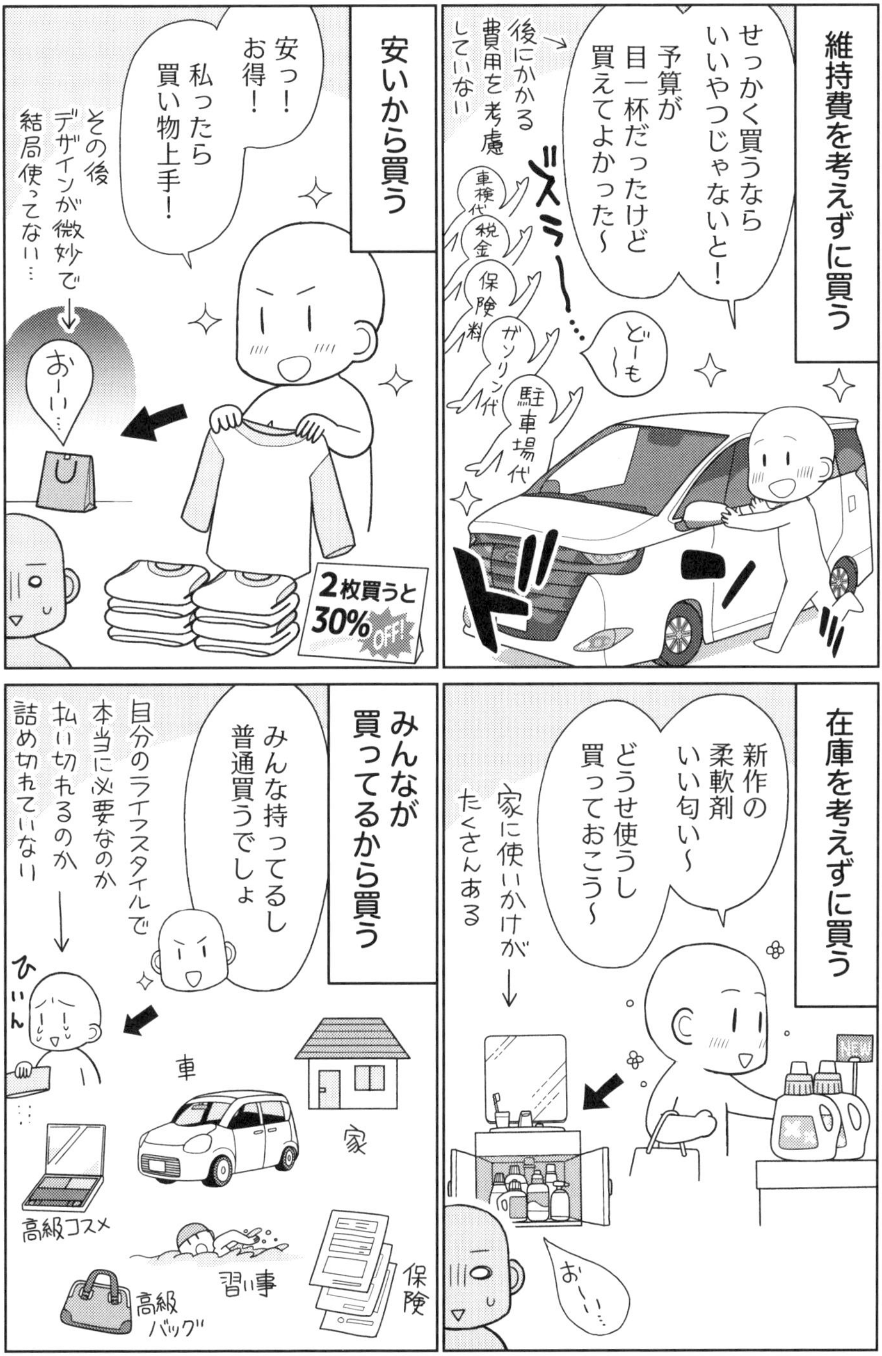
維持費を考えずに買う
せっかく買うなら
いいやつじゃないと!
予算が
目一杯だったけど
買えてよかった〜
後にかかる
費用を考慮
していない
ズラ〜…
車検代
税金
保険料
ガソリン代
駐車場代
ど〜も〜
安いから買う
安っ!
お得!
私ったら
買い物上手!
その後
デザインが微妙で
結局使ってない…
おーい…
2枚買うと
30%
OFF!
在庫を考えずに買う
新作の
柔軟剤
いい匂い〜
どうせ使うし
買っておこう〜
家に使いかけが
たくさんある
NEW
おーい…
みんなが
買ってるから買う
みんな持ってるし
普通買うでしょ
自分のライフスタイルで
本当に必要なのか
払い切れるのか
詰め切れていない
ひぃん
車
家
高級コスメ
習い事
保険
高級
バッグ

などの理由で
不要な物や
身の丈に
合わない物を
買う頻度が
高くなってしまって
結果お金が
貯まらないんだよね
ひいん
耳が痛い
しかない
家計簿を
つける目的は
今までの支出を
「要・不要」に判別して
良い椅子は
高かったけど
健康には
代えられないから
必要な支出だったな
買ってしまった
「不要」な物を
あぶり出して
イン○タで
おすすめされてた
収納ケース
衝動的に買ったけど
インテリア的に
合わなかったな
スー…
「不要」なものを
買ったことを反省して
改善策を考えて
今後
買う時は
使い道や
置き場所や
インテリアとの相性を
吟味してから買おう…
今後同じような
失敗をしないように
することなんだよね
なるほどね〜
PC

クレジットカードは節約のアイテムとして正解か

そ　そうか…
…なんか反応薄くない？
周りには還元率が悪いクレカを知らずに使ってる人もいるんだよ
クレカのポイントの還元率が0.5%なんてもったいなくない？
え？考えたことなかった〜
もったいないよ〜もらえるポイントが全然変わるんだから！
そんなにお得ならクレカ作り直してみる〜！
フッ フッ
前に友達にそれを教えてあげて感謝されたもん
…………うむ…
だから反応が薄いって！

ポイントが貯まることから節約アイテムとしてクレジットカードや電子決済はよく取り上げられているし
Pay
IC Card
実際うまく使いこなすことができればとてもお得なアイテムだとは思うんだけど
ありがとうございます〜
やった！ポイントまたゲット！
個人的にクレカは
「すでに家計管理がしっかりできている人」
「突然大きな支出があっても生活に支障がない程度の貯金がすでにある人」
が使うツールだと思ってるんだよね
…その条件だと私は該当しないんですけど…
うん
キッパリ
今度ははっきり言った
いや、でも心当たりはあると思うんだよ

クレカは
手持ちがなくても
買い物ができるから
ついつい
使いすぎちゃったって
ことはない？
うーん…
そういうことも
あるかもだけど…
でもクレカが
あるからって
すごい高い物を
ホイホイ買ったりは
しないよ？
お金がないことは
自覚してるし…
ドライヤーが
3万円!?
いやいや
分不相応！ 買わない
買えない
びびびっ
でも
数百円
数千円くらいの物なら
あまり意識せず買ってた
感じじゃない？
家計簿を見てても
そんな感じだし…
100均だし
安いから
あれもこれも
念の為買って
おくか〜
全部合わせても
大した金額じゃ
ないし〜
あっ 支払いは
カードで
うっ

あと何より
クレカの
引き落としの時に
支払えるかどうか
恐々とした経験が
あるんじゃない？
ギクッ
うっ…
今月のクレカの
引き落とし額7万？
こ
こんなに使った
記憶ないけど…
あっ
飲み会の割り勘の時に
クレカ使ったんだった
割り勘1人
5000円ね〜
私手持ちがないから
支払いはカード
使っていい？
いいよ〜
でもあの時
皆から回収した
お金があったはず…
はい
私の分〜
私の分〜
5000
5000
…って
あの後何となく
使っちゃった気が…
通りで今月余裕で
過ごせたと思ったら…
なんか財布に
まだお金が
残ってるなあ
秋物の服
買っちゃおう
かな？
心当たりしか
ありません
スン…
そ、そう…

クレカは
現金を持たなくても
買い物ができたり
ポイントが貯まったりと
便利な分
扱いが難しいのは
「お金を使うタイミング」と
「お金を払うタイミング」に
ズレがあるからなんだ
お金を支払う日
物を買った日

貯金が
たくさんある人なら
思いがけず
大きな金額が
引き落とされても
後で帳尻を合わせる
余裕があるけど
あれ？
今月は
使い過ぎたな～
来月から
少し控えようっと

貯金に余裕がない人は
帳尻を合わせる
余裕もないので
やばっ
今月カード使い過ぎた！
PC
でも残金は
来月の生活費分で
いっぱいいっぱいだし…
支払い
どうしよう～～
オロ
オロ

窮地を乗り切るために
不本意な支払い手段を
選ばざるを
得なかったりするんだ
リボ払い
ううう…
利息で余計に
支払わなくちゃ…
請求書
身内から借金
ごめん…
また？
大丈夫なの？
10000
計画になかった
保険の解約や
株の売却など
せっかく
積み立ててたのに…
解約完了
しました

そしてこれらの方法は
一つでも何かを間違うと
大きな失敗に
繋がりかねないので
できれば避けたいんだよね
うあ～
なんか支払う金額が
利息でどんどん
膨れていく～～
ねえいつ
返してくれるの？
うう…
もう少し待って…
前もそう
言ってたじゃん！
解約時期が
悪かったから
損失が出ちゃった…

だからYさんに
おすすめしたいのは
お金の管理が
できるようになるまで
「クレカ払い」を封印して
「現金決済」にすること
だね
…えっ…
スン…
ぽ、ポイントは…
たしかにポイントを
得る機会は
クレカを使っている時より
減ると思うけど
厳しい言い方をすると
ポイントを追って
クレカを使っていたがために
家計管理全体が崩れていた
とも言えるので
ドクサッ
うっ
クレカ利用は一旦諦めて
家計を立て直すことに
集中した方がいいと思う
……はい……
どうしても
クレカ払いでしか
支払えない時は？
最近はそういう
ケースもあったりするよ？
うーん

その場合は面倒だけど
クレカを使ったら
使った分だけ現金を封筒にすぐよけて
1万円のお支払いです
クレカ払いで
1万円を封筒に入れる
10000
そしてそのお金を次の月の引き落とし日までに銀行に入金する
という作業を毎月することになるね
封筒のお金を入金
毎月の入金日を決めておくとよい
ATM
10000
そうすればクレカを使うと同時に財布からお金がなくなるので使いすぎを防げるし
クレカで使った分は封筒によけているので「何となく」は使えない
引き落とし日に口座にお金が足りなくなる事態も避けられるよ
よけたお金は入金してあるから引き落としに失敗しない
…………ッ…………ッ………
ズ…
ガク
ガク…
めんどいよね〜〜〜
わかるよ〜〜〜

でもそれくらい 貯金に余裕がない人が クレカを使いこなすのは 難しいってことなんだよ
そうかぁ…
トホホ…
騙されたと思って 一度やってみてほしい
いや… 騙されてるなんて 思わないけど…
今まで自分が 良いと思ってた やり方で やってきて 結局ずーっと 結果が出てないんだ もんなぁ
フゥ…
家計簿のつけ方にしても 現金決済に切り替えるにしても まずは 提案されたやり方を 素直にやってみることに するよ
グッ
おおお 素晴らしい…! きっと うまくいくよ!

支出の見直しは「固定費」から

「固定費」には余裕がある時に手をつけるとして
とりあえず削れそうなところを削っていくことにするわ！
ガ
ビク
タッ
自炊の回数を増やすし！
デザートもお菓子じゃなくて金額が安いバナナにしてみる！
……決心してるところ言いにくいんだけど…
そういう決心って今までにもしたことがあると思うんだ
でも今また決心してるってことは継続できなかったってことじゃないかな
外食はやめてスーパーで買って自炊！
今日は疲れた… やっぱコンビニでいいや…
うっっ
グサッ
私も以前固定費からじゃなく
できそうなところから手をつけてみたことがあるんだけど
節約のためにまずはオール自炊！
外食はごほうびの時以外NG！

自炊の回数を増やすくらい…って思ってたけど
日々仕事で疲れてるし料理は苦手だしで思ったより難易度が高くて
はあ…自炊のためにスーパー寄らなきゃ…
でも残業でクタクタ…
信号赤だし…ハア
スーパー
当時は超ブラック会社員
「日々の負担を増やす前提」の節約は
結局長続きしなかったんだよね
う～メンドイ！
今日もデリバリーでいいや！
なるほど…
節約って「努力」や「我慢」をしてなんぼなのかなと思ってたけど
極力自炊や手作り
選ぶ基準は好きかどうかではなく安いかどうか
とにかくなるべくお金を使わない
SALE
OFF
違うんだね
いや～～むしろ逆だよね
節約行為自体が楽しい人ならいいんだけど

お金を貯めるのは短期間で一気に！は難しくて
継続的な節約をする必要があるんだけど
大儲けして一瞬で大金が貯まる！
…ではなく
収入から少しずつコツコツ
だいたいこっちのケースが多い
ダイエットと同じで節約は「努力」や「我慢」をしすぎると反動が来るから
それらは極力最小限にしておいた方がいいんだよね
目標のために
我慢…我慢…
もう耐えられないッ
自分へのご褒美だあッ！
そっかあ〜
最初に「固定費」に手をつけてほしい理由は
「固定費」の削減はうまくやれば
今までの生活や行動をほぼ変えないままで支出を減らせるからなんだよね
そうなの？
前も言ってたケド…

同じサービスを受けるにしても契約会社を変えるだけ
スマホ代とか
使ってないサービスを止める手続きをするだけ
サブスク代とか
A社
B社
使い勝手はほぼ一緒
使っていない動画サービスは解約
退会する
PC
どうせ使ってないので生活は何も変わらない
最初に手続きなどをするだけでその後の支払いが大幅に削減できる
そういうものを見つけるのが「固定費」の見直しだよ
…たしかにそう聞くとやってみようと思えるかも
手続きしたり調べたり最初は面倒かもしれないけど
やるだけの価値があるって保証するよ
なるほど～
頑張ってみようかなあ
ええと探す物は保険の契約書と…

「固定費」の見直し方

いよっし！
なんかやる気が出てきた！
「固定費」をガンガン節約していくぞ〜！
…やる気になってるところ申し訳ないんだけど
なんだよ〜
やっと
やる気になったのに…
「固定費」の削減をする時に気をつけてほしいのは
何でも削ればいいというわけではない
ということなんだよね
なぜ？
前回も言ったけど
節約は継続する必要があるからね
「固定費」と呼ばれるものって
生活満足度とものすごく密接に関係してるので
毎日当たり前に使う物
ないと生活が著しく不便になる物
ないと健康を損う物
など

節約のために「固定費」を削りすぎて生活満足度が著しく下がると
継続が困難になるのはもちろんのこと
節約のために駅から遠いけど安い物件にしよう
不動産
通勤が大変で帰ったら何もできない…無理…
必要なところまで削るとかえって大きな代償を払うことになりかねないんだよね
節約のためにエアコンは控えよう
体調を崩して医療費が余計にかかってしまった…
健康と時間とお金がさようなら…
じゃあどうするの？
だからこそまずは「生活満足度を下げることのない支出の削減」をしていきたいんだよね
なるほど前回言ってたやつ
たとえばYさんの場合はスマホ料金

今Yさんは特に理由なく大手キャリアを使ってるみたいだけど
これを一度見直す…
例えば格安SIMに変えるだけで月額数千円は減らせる可能性があるよ
うっ…
あ〜格安SIM…CMとかで見た気はするけど…
正直格安SIMってよく分からなくて…
ネットで契約しなきゃいけないいんでしょ?
なんだかうまくできる自信がなくて…
契約した後で送られてきたSIMを自分でセットする、みたいな?
?
?
※物理SIMではなく設定するだけでOKなeSIMもある
私も最初そう思ってたんだけど
店頭で契約できるものもあるんだよ
こういうやつ→
えっそうなの?
最低価格を狙うならネット購入も視野に入れないとだけど
そこまでじゃなくても窓口手続きで月額数千円支払いが減るならやった方がいいでしょ?
たしかに!
店舗に行って契約するなら今までと同じじゃん分からないことは店員さんに聞けるし
できないんだと思ってた〜
グッ
最近は格安SIMを利用してる人も多いから
使ってる友人がいるなら聞いてみるのもいいと思う
たしかにそうだね
友人の契約先とか気にしたことなかったなあ

選べる機種が限定されたり
場所によっては電波が入りにくいとかあるみたいだけど
田舎の方とかマイナーな場所とか
特別な理由があって今のプランを選んでないなら変えた方がメリットが大きいと思うよ
もしも〜〜し?
あれ? 繋がってない?
何でこれを契約したんだっけ
私は格安SIMでネットや通話を不都合なく使ってるけど
使い勝手に困った経験はほぼないよ
それで支払いは毎月千円強かな
使い勝手は大手と特に変わらない
えええっ
極めてる人は月数百円とか実質無料にしてたりするよ
私はスマホ料金月額5千円切ったことないよ…
チーン…
特に事情がなくてそれなら非常にもったいない…
月数千円を自炊回数増やして捻出するのは労力的にすごく大変だけど
セール品探ししんどい…
契約先変えただけ〜♪
スマホ料金なら一度見直す手間だけで後の生活を変える必要がないから
これほど楽なことはないよ

こんな感じで
スマホ代に限らず
節約を考える時は
まず
「生活や行動を
変えなくても
減らせる支出」
を見つけて
手をつけることが
おすすめだよ
そっかあ
「生活や行動を
変えないと
減らせない支出」
には
労せずできる節約を
行った後
慣れてきたら
徐々に
手をつけるって
感じだね
手続き後何も
しなくてもお得!
これからは
値引きの時間を
気にしてみるか…
それが節約を
長続きさせる
コツでもあるよ
よ～し
次の休みに
格安SIMの店舗に
行ってみるか～!
グッ
ちなみに
大手キャリアで
あっても
家族の人数や
通話時間
使用データ容量
家で使う
インターネットや
ケーブルテレビなどの
契約内容によっては
トータルで見ると
格安SIMより
安い場合もあるので
乗り換えの際は
よく比較検討を
してください
お得は日々
更新されている…

固定費一覧

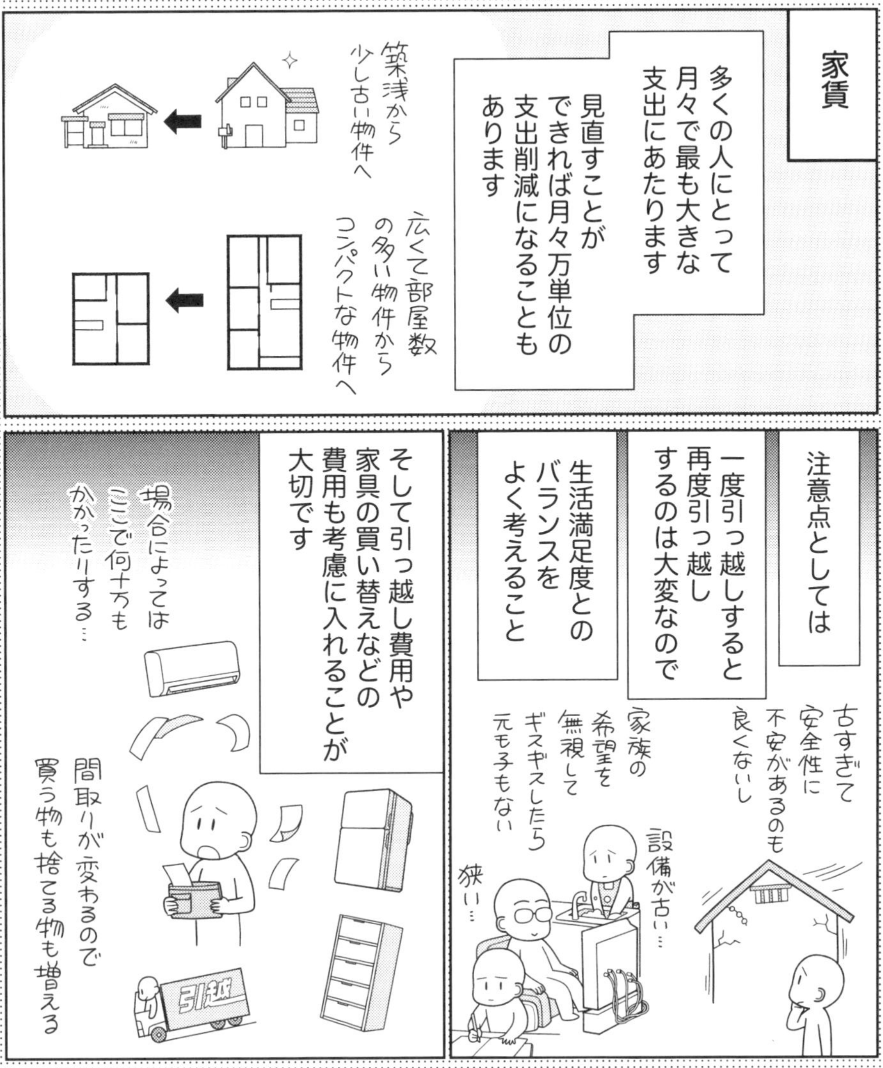

家賃
多くの人にとって月々で最も大きな支出にあたります
見直すことができれば月々万単位の支出削減になることもあります
築浅から少し古い物件へ
広くて部屋数の多い物件からコンパクトな物件へ
注意点としては
一度引っ越しすると再度引っ越しするのは大変なので
生活満足度とのバランスをよく考えること
古すぎて安全性に不安があるのも良くないし
設備が古い…
家族の希望を無視してギスギスしたら元も子もない
狭い…
そして引っ越し費用や家具の買い替えなどの費用も考慮に入れることが大切です
場合によってはここで何十万もかかったりする…
間取りが変わるので買う物も捨てる物も増える
引越
住宅ローンはローンの借り換えや利息の見直しが可能な場合があります
検討したい方は調べてみることをおすすめします
月々の支払いが少し減った！
返済する期間を減らすことができた！
銀行
1

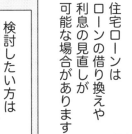

自動車関連
車体価格の検討も大切ですが見落としがちなのは
税金やガソリン代などの維持費です
駐車場代
ガソリン代
保険
税金
修理代…
買う際はここの出費も考えて買う
車は所持しているだけでかなりのお金がかかるため
場合によっては車両のグレードを下げるか手放すことを検討しても良いと思います
高級車の方が維持費も高くなりがち…
光熱費関連
ネットでは各企業の料金比較サイトなどもあります
契約会社を変更するか同じ会社でもプランの変更によって支払いが減らせる場合があります
A社
B社
C社
アンペア数を下げられないか調べる
電気代 比較 で検索するなど
電気代はまめに消したりコンセントを抜いたりするより
消費電力の多い物を省エネ家電に買い替えたり
消費電力の少ない物を取り入れた方が節電効果が高くなりやすいです
事足りる時は電気毛布やゆたんぽを使用するなど

民間の保険
「念のため」とか「誘われたから」という曖昧な理由で入りがちですが
固定支出としてはかなり大きな金額になるので入る際は熟考が必要です
契約書
何かあったときに貯金では到底補填できない場合は保険が必要だと思いますが
団体信用生命保険
子どもが小さい場合の自身の死亡保険
火災保険
自動車の対物・対人保険など
場合によっては何千万、億単位の補償が必要になる物
医療保険に関しては日本には国民皆保険制度があるので
普段の医療費は1～3割で済みますし
高額な医療を受けた場合は高額療養費制度によって自己負担限度額を超えた分は払い戻しをされます
実際かかったのはこれだけか…
ようするに保険に入る時に漠然と危惧しがちな
払いきれないくらい医療費がかかったらどうしよう…
という事態は貯金をきちんとしていれば起こりにくいと言えます
※自費診療や差額ベッド代などは保険がききません
もし加入時にそれらを考慮していなかった場合は
一度保険内容の見直しをしたほうがいいと思います
思ったより割高だなあ
貯金で何とかなりそうだし
解約するか
ただし一度解約すると年齢を重ねている分同等以上の条件での再加入はまずできないためそこはご注意ください
あなたの年齢では以前と条件が変わりますよ
えっ

スマホ料金
料金形態が頻繁に改定されるので数年に1度くらいは契約内容を他と比較したり見直すことをおすすめします
大手キャリアより格安SIMの方が安くなるケースが多いですが
大手キャリア内でもプランを変更するだけで大幅に安くなる場合があるので
Aプラン
Bプラン
まずは自分の毎月の通話時間やデータ使用量を確認し
今より安いプランを探してみてください
特別長時間重いデータをやりとりしたり通話をしているわけではないのに
毎月のスマホ代が5000円を超えている人は乗り換えの検討をオススメします
特にシニアは優遇プランがあったりします
知らない会社にネットで申し込みするのに面倒や抵抗がある人は
まずは店頭申し込みができる会社を選ぶと良いです
店頭申し込みできるところは限られているので最安値ではないかもしれませんが
月額費が大幅に下がる可能性が高いです
まずは一歩踏み出すことが大切

サブスク代
通販や動画配信サービスから
食事の配達サービス
自身や子どもの習い事など
定期的に支払っている金額です
払った価格に見合うくらい便利に利用しているなら問題ないのですが
大して使っていないのに契約しっぱなしだったり惰性で続けている場合は見直しが必要です
払っている金額に対してきちんとサービスを利用しているかどうかを定期的にチェックし
そうでなければすぐに解約しましょう
クレカ明細よく見ると使ってないサービスに毎月数百円支払ってる…
私は昔ガラケーの着信音サービスに複数登録したまま
2年くらい忘れて月額料を払い続けていた時がありました…
ネットのサブスクなどは契約と同時にリマインダー設定し
1ヶ月後に継続するかどうか決めると良いと思います
ピロン
おっ
そろそろ1ヶ月か
もう観るものは観たし解約するか…
解約

定期健診
市や区や会社の
定期健診や
人間ドックなど
健康は一度損なうと
治すのに
お金や労力が
必要になるため
予防の意味でも
大切です
個人的には
特に歯科検診が
重要だと思っています
歯や歯茎は
悪くなると
身体全体の
健康に関わります
歯周病菌は
放置すると
体内にまわって
悪さをしたりする…
高い治療であっても
天然の歯と
まったく同じという
わけにはいかず
維持の労力や費用も
大きいです
特に年齢を重ねると
歯は悪くなりやすいので
予防が重要になります
入れ歯は
定期的に
洗う手間も
ある…
紹介しきれないのですが
固定費の節約方法は
色々とあるので
「節約」はもちろん
「節税」「補助金」
などのワードで
定期的に調べることを
おすすめします
ものによっては
利用できる人と
そうでない人がいます

これらの「今からの支出を削る節約」も
家賃
節税
手数料
水道光熱費
サブスク
スマホ代
保険料
これらの「未来の支出を削る行為」も
定期健診
人間ドック
歯科検診
どちらも今後貯金を増やしていくために重要だと思います
「固定費」は生活満足度と非常に密接に関係しているので
削ってもQOLが下がらないポイントを見つけることが大切です
車は維持費がかかるからいっそ手放してみるか…
サブスクもだらだら見ちゃうしやめるか…
ただし無駄な支出を削ったつもりが実は必要な支出を削っていたということにならないよう
削る時は自分や家族とよく向き合って要・不要を考えて行ってください
〇〇に行きたい～
そこは車じゃないと…
うちって意外と車を使う用事多かったんだなァ
動画サブスク使ってたのに勝手に解約しないでよー！
えっ使ってたの？

「不要」の見直し方

さて「固定費」の次は「不要」の見直しだね
①固定費
②不要
③贅沢費
④生活費
Yさんは以前の「ジャンル別の家計簿」を見た時に
これは支出が多いな～節約したいな～
と思った部分はどこだった？
え？う～ん…
食費に関してはコンビニ通いが原因なのはなんとなく分かるから一旦置いといて
先月は日用品が思ったより5000円くらい多かったから
○月
食費
ちょっと減らさなきゃな～と思ったかな…
なるほどね
じゃあ今回つけた「要・不要別の家計簿」の支出の中で
実際に「不要」の項目に入れた物は？
えーと…
あれ？
「不要」に入れた中に日用品関連の物がない…
検討
不要
カフェ 500
服 5000
プリン 300

な、なんでだっけ？
えーと…
…ああ～
思い出した！
新・家計簿
先月はたしか
「防災の日」が
あって…
非常持出袋
災害時に
必要そうな物を
いくつか
買い足したから
いつもより
日用品の支出が
多くなってたんだ
手を怪我しないためにも
軍手は必要だな
あと電池も
揃えとかなきゃ
ブルーシートも
用意しておこう
細かいものが
多いから
気づかなかったよ
つけ直した
「要・不要別の家計簿」で
実際に「不要」と
判断した物は…
文房具や
服かな？
ペン
なんでそれが
「不要」だって
判断したの？
いや～～～

例えばこの服は試着せずに買ったんだけど
着てみたら微妙に似合わなかったんだよね…
なんか理想と違う…
試着って面倒だからサイズ見ただけで買いがちだよね
そして返品や交換も面倒で先延ばしに…
そうなんだよね〜
ついつい…
そして文房具は普段使ってる物をストックとして買ったんだけど
ペン
新・家計簿
帰って見てみたら前に似たような流れで買った在庫がたくさんあったんだよね
買ってたこと自体を毎回忘れちゃうんだよな〜
なるほどね
うわっ
こんなに持ってたッ
じゃらっ
つまりYさんは
以前の「ジャンル別の家計簿」では無駄な支出は何となく「日用品」だと思ってたけど
なんか今月は日用品の合計金額が多いな…
来月は日用品の購入を控えればいいのかな…
家計簿

今回の「要・不要別の家計簿」では
無駄な支出だったのは「日用品」ではなく
「試着なしで買ってサイズを失敗した衣類」と
「すでに持っていた文房具」
だったってことだね
うわ〜〜〜 全然結果が違う〜〜〜
ひぃぃぃ
ペン
もしも前の家計簿の結果からの反省で日用品を削ろうとしても
そもそも日用品に不要な物がないわけだから
何を削っていいか分からなくて
?
洗剤をダウングレードすればいいのかな？
トイレットペーパーを節約すればいいのかな？
何がいけないんだろう…
無駄遣いの原因が実は
「試着なしの衝動買い」や「ダブり買い」だということにずっと気づけないから
また同じことを繰り返してしまう
かわいい！ Mなら試着なしで入るよね！
あっ いつも使ってる文房具だ 買っとこうっと！
結果
また今月も節約できなかった
何が悪いんだろう…
?
家計簿
ということになってしまうんだよね
読みが正確すぎる

一つ一つが
たいした金額じゃ
ないから
気づきにくいけど
「衝動買い」や
「ダブり買い」は
気づかず
続けてると
結構な
金額になるから
安いので
気軽に
買いがち
在庫管理が
億劫で
重複買い
しがち
好みで買うと
いつの間にか
似たような物
ばかりに
なりがち
どうせ使うから
と思って買って
いるうちに
在庫が溢れがち
このクセに
注意するだけでも
かなり節約できる
ようになるよ
私のお金のなさは
この習慣が
大きな原因かも
しれないなあ…
今までは
なんか
支出が多い
気がする
財布に思ったほど
残ってない…
1000
なんか
無駄な買い物が
多い気がする
物が溢れてるし…
ゴチャ…
って感じで
具体的に何がダメなのか
よく分からなかったけど

支出を
要・不要に分けて
「不要」から
どういう行動が
いけなかったかが
分かると
服は必ず
試着してから
買うようにしよう
普段使っている物は
在庫を把握する
ようにしよう
今後どう行動
するべきか
具体的に分かる
ようになるね
在庫が
分からない物や
急ぎじゃない物は
買うのを見送ろう
そうなんだよ
行動改善して
不要なものを
買わなくなると
家計簿の
「不要」の項目が
どんどん小さく
なっていくよ
月によっては
ゼロの時も！
うおおお
そうなりたい〜〜〜〜！
よーし
不要なものを
あぶり出して
行動改善
していくぞ〜！
うんうん
カリカリカリ!!

「贅沢費」の見直し方

さて次は「贅沢費」の見直しだね
①固定費
②不要
③贅沢費
④生活費
ここに入る物は「人生を楽しむために必要だけど節約のために質、量、頻度などを減らしたい物」だね
なるほど……ええと…
まあどの月も真っ先に目に入るのは一人外食や買い食いだよね〜〜〜
ズラ〜〜〜
贅沢費
1人外食 ¥1200
コンビニ ¥600
カフェ ¥970
コンビニ
コンビニ ¥540
1人外食 ¥1290
これはもう家計簿をつける前から使いすぎの自覚はあったけど…
ここは抑えなきゃって頭の片隅では思ってるんだけど…
節約のために控えなきゃ…
でも仕事頑張ったし今日くらい…
結局なんだかんだ積み上がってたよね
チリも積もれば山となるとはこのことだな〜って思った
そうだねえ

じゃあどう対策を立てる?
一人外食と買い食いだけで
合計 ¥21,300
ドン
対策も何もここまでハッキリヤバい数字を突きつけられたらさすがに買う気が一気に失せたよね
このお金があればどれだけのことができたか…
正直自分でも引いてるから減らすことはできると思う
可視化って大事だねえ
我慢が難しそうとかはない?
いや――……
どうしても欲しいっていうより何となく買ってた時も多々あったからなあ
社内の自販機で何となく飲み物を買う
特にこだわりはないのだから備えつけのコーヒーでいいのに…
昼食後にカフェでコーヒーを持ち帰り
Coffee
退勤後にコンビニでスイーツを持ち帰り
積み重なってすごい金額に…
意識せずに使うとこんな大金があっさり消えることがわかったから
嫌でも気をつけられると思う……
21300円…
フフフ…
21300円…
なるほど
とはいえ具体的にどうするかは大雑把にでも決めておいたほうがいいと思うけど
それもそうだね
でも今後の買い食いや一人外食をいくら以内に収めるのか
具体的な金額を今すぐには決められないしなあ…
どれくらいが適切か見当つかないし…

とりあえず一人外食や買い食いは半分の10000円くらいに収めることを目標にしようかな
10000
21300
甘い設定かもしれないけど極端に減らしてもできる気がしないし…
これくらいなら気をつければ何とかなると思うんだ
会社の備え付けのコーヒーにするのは苦じゃないし
コンビニは緊急時以外は基本使わないとか…
そうだね
いくらに設定すれば苦じゃないかは家計簿をつけつつ徐々に分かっていくものだから
最終的な目標金額はやりながら精査していこう
やっているうちにもっと減らせるかもしれないし…
うん
他に「贅沢費」に入れた支出は…
うーむ
趣味のグッズ関連…
つまり推し活か
ぬい
マクスタ
クリアファイル
等々…
推しのグッズもお金をかけたいだけかけてたらキリがないから
ある程度節約していかなきゃとは思うんだけど

いっぱいグッズが出てると
どれを買うべきで
どれを買わないべきか
線引きが
分からなくてさあ…
新作は売り切れ
ちゃうから
今買わないと…ッ
これは限定だから
ファンとして
買わないと…ッ
なるほど…
私の
推しのグッズ
厳選方法は
顔
だよ
か、顔…？
私も元々
コンプ買いや
複数買いを
するタイプ
だったんだけど
これを買ったのなら
他も買わないと
バランスが悪いから買う
壊した時用に
念の為もう1つ買う
それだと
お金や置く場所が
いくらあっても
足りないし

飽きて手放す時の ダメージも 大きくなることが 分かったんだよね
ううう… 結局未開封の物が こんなにたくさん…
だから グッズを厳選しようと 少し冷静になった時に…
………
…なった時に？
あ〜… 何というか ちょっと 言いにくいんだが
たとえ 好きな推しの 絵でも
原作絵や アニメ絵
グッズ ならではの 「顔」が あるんだけど
漫画原作の場合 漫画の絵と アニメの絵は違う
グッズは 更に違う 「顔」がたくさん
本当に この「顔」が好きという 気持ちから 買ったのか？
推しだからとか 揃えなきゃという 理由だけで 買ってないか？
…と思うものが 交ざっていることに 気付いたんだよね
あ〜〜〜
分からなくもない…

だからグッズを買う時は見た瞬間に
え 待って 無理… 尊い…
この顔面に全人類が圧倒的感謝…
と思えた物だけを買うと決めてるんだ
ホゥ…
へ、へえ… （誰…）
冷静に見てみるといくら推しとはいえ
作画や表情によってはそこまで感情が動かされない物もあるんだよね
私本当にこの作画好きかなあ…
うーん… なるほどね
でもさ〜〜〜
結局コンプ欲に負けちゃわない？
それが意外にそうでもなくてさ
そろってない不自然さが気になったり…
「推しだから」ではなく「顔が好みだから」を徹底して買った場合
時にはキャラすらも容赦なくバラッバラになるからね
ランダム〜…

すべてがあまりにもバラバラなせいで
かえって揃ってるかどうかが気にならなくなったよ
そういうもんなのか…
どれがどうなればコンプだったのやら…
ズラ…
むしろ本当に素敵と思った物しか部屋に存在しないので
前よりテンションがあがるようになったなあ
全部お顔の尊さがMAX…
目の前に好きしかない…
なるほど
（だから誰…）
まあこれは私の基準だから
Yさんなりの買う基準を設けるといいよ
う——ん…どうしようかなあ…
念の為2つ買うとかもやめた方がいいんだよね？
①使う用
②保存用
2つ買った物で今までちゃんと開けたものってある？
う…ほとんどが段ボールの中かも…
ズ
ーン…
まあそうなるよね

そういう時は
「推しが日の目を見ないでずっと段ボールの中にいることを望んでるか」
って考え方をしてみると使う物だけを買うことができるかもだよ
おー!!
おおお…
そういう目線はなかったかも…
念の為所有しておきたいって気持ちは分かるけど
そういう買い方だと本当にキリがなくなってしまうし
私たちは飽きた時に未開封の推しを高く売るために買ってるわけじゃないじゃん?
なるほど
推しを一番楽しめるのは推しに一番ハマってる時なんだから
買った物は躊躇なく思いっきり楽しんだ方が買ったかいがあるってもんだよ
そっかあ…
よし
「贅沢費」の支出を減らすためにも
推しを全力で楽しむためにも
「推しという理由だけで買う」のはやめてみることにするよ
うん!

他にも日常的な支出の中で「贅沢費」あるあるなパターンは
「必要だから」化粧品を買う
「欲しいから」過剰に高価な物を買う
「必要だから」Tシャツが1枚必要
「欲しいから」色違いで何枚も買う
みたいなケースかな
高い物とは限らないんだね
高額でもそれがないと困る物なら贅沢とは限らないからね
いや私はこれ以外肌が荒れるし代用品もないんだけど？
その場合あなたにとってその化粧品は「贅沢費」ではなく「生活費」になるかもね
とはいえ「贅沢費」は人生を楽しむためには時に必要なものだから
頻度や金額や量を考えながら購入するなら全然いいんだよね
だからこそ「必要」に分類してるんだし
不要
必要
不要
贅沢費
生活費
固定費
このネックレス…贅沢した自覚はあるけど
つけるたび本当に幸せ…大切にしよう…

家計簿で「贅沢費」の支出に着目してると
自分はこれを「必要だから」買った
自分はこれを「欲しいから」買った
と分けて考えられるようになるので
何となくで贅沢な物やサービスを買い続けることを避けられるようになるよ
今月は「贅沢」したので来月は少し控えよう
なるほどな〜
買い食いやオタクグッズも含め今まではそのあたりを全然考えずに買ってたからなあ…
ふう…
欲しいから買う
使うから買う
必要な物を買ってたのに金欠に…
？
これからは物を買う時に「必要だから買っているのか」
「贅沢で買っているならその頻度や金額は適切か」
を考えながら買うようにするよ
うんうん

それが「不要」だといつ判断するのか

数ヶ月以上
前に記録した
「要・不要」が
今の判断基準と違っていても
遡ってまで直す必要は
ないと思っています
あっ
数ヶ月前の
記録に
「不要」な物が
「必要」に入ってる！
あっ！ ここも！
意味のない
行動は
やめるのだ…
むしろ
完璧な記録帳を
作ることに
こだわっていると
面倒になって
家計簿をつける
こと自体を
挫折して
しまいかねません
ここもここも
違ってる…
直すのが大変…
家計簿をつけて
行動を
見直し続けて
以前より無駄な
支出を減らせるように
なっているなら
家計簿をつける
目的は達成
できていると
言えます
缶コーヒーを減らす
保険の見直し
スマホ代の見直し
家計簿を
つける目的は
完璧な記録帳を
作ること
ではありません
目的を見失って
挫折しないよう
気を付けてください

「生活費」の見直し方

よし次はラスト「生活費」の見直し方だね
①固定費
②不要
③贅沢費
④生活費
ふあーい
ここには「固定費」「不要」「贅沢費」以外の生活に必要な支出を入れてね
ラップ
シャンプー
塩サバ
白菜
ワンピース
枝豆
調味料
リンス
キャベツ
風呂マット
トイペ
消臭剤
タオル
磁石
ビニール
収納フック
ハンカチ
ポストイット
豚肉
チューハイ
パン
巾着
ズラ〜
前も聞いたけど…
ほ、ほんとにこんなに一緒くたでいいの…？
自分的にどうしても混乱すると思うなら自分が特に注視したい項目に限って「食費」「その他」
必要
不要
固定費
生活費
贅沢費
不要
その他
食費
みたいな感じでざっくりカテゴリを分けるくらいはいいと思うよ
……
なるほど

たしかに少し
カテゴリ分けされてる方が分かりやすいかも
どうやって分けようかな
ただし
カテゴリを多くしすぎると
元の「ジャンル別の家計簿」と大差がなくなって
かえって混乱するので
カテゴリ分けは本当に最低限になるようにね
うっ
ズラ〜…
「生活費」
食費
日用品
衣類
美容費
交際費
←やろうとしてた
うーん…
じゃあ私は「生活費」を
「食費」「雑費」「その他」
って感じで分けようかなあ
ほほう？
「食費」は月の合計金額を知りたいから分けておきたいんだよね
※外食は別
それ以外の生活関連の支出は「雑費」でまとめてもいいかなと思う
マジック

「その他」は
防災グッズの時みたいに
いつもと違うまとまった
支出があった時に
すぐ分かるように
設けておこうと
思って
なんで日用品の支出が突然上がったんだろ…
使いすぎだし減らした方がいいのかな…
うんうん
「食費」や「雑費」みたいな
普段の生活の支出と
「その他」みたいな
イレギュラーな支出を
分けて把握したほうが
定期的にある支出
肉
野菜
パン
お米
食費
生理用品
洗剤
マジック
下着
雑費
修理代
その他
家電
不定期にある支出
支出に変動が
あった時に
すぐ原因が
分かるかなと
思って
いいと思う!
まとめると
こんな感じかな
こっちは月々の変動が少ない
こっちは月によって大きく数字が変わる
生活費
食費 生活のための食費の支出
雑費 生活のための食費以外の支出
その他 生活のための突発的な支出
うんうん

そしてここからは今までと同じように この「生活費」の中から
「生活のクオリティや行動を変えずとも量や質や回数を減らせる物」
がないか探すことだね
そうだなあ…
うーん…
シャンプーをお高い物からずっと変えてなかったけど
先日もらった試供品を試してみたら
安いのに成分が似てて仕上がりも違和感なかったんだよね
今度からそっちにしてみようかなあ
値段半額だし
こっちでもいいかな
今まで面倒でやらなかったけど
なるほどね
あとダイエットでオートミールを買ってたけど
味が合わなくて余らせることが多かったんだよな〜
うーん…
やっぱり合わないかも…
無駄にしちゃうの嫌だし 一旦やめてみようと思う
うんうん

うーん…
他には…
野菜を安い所で買うとか…？
いやそれは普段の行動を変えることになるから継続できるか不安だし…
ぐる
ぐる
あ〜…
この「生活費」の項目の節約は今までの項目より節約レベルが一つ上なんだよね
そうなの？
この項目は「固定費」「贅沢費」「不要」を通り抜けて残った「生活に必要で買っている物」の集まりなわけでそこを削るわけだから
全ての支出
贅沢費
固定費
生活に必要
不要
普段から分かりやすく豪遊してるわけではない限り「贅沢費」や「不要」と違って大幅に減らすには今までの行動習慣を変える必要がある場合が多いんだよね
食費を減らすために弁当を手作りする
食材を安く済ませるために店を変える等

節約そのものを楽しめる人は
ここを徹底して切り詰めることが苦じゃないけど
最安値で買うために徹底調査！
セール日も都度チェック！！
楽しい〜〜！
PC
節約料理楽しい〜♥
こんなに量あってかかった金額たったの200円！
Yさんはそうじゃないから
ちなみに私も苦手ぃ
まずは生活を変えずとも金額が減らせる部分を徹底的に見直して
似た使い心地で値段が安い物に変更する
使う枚数を把握しその数だけ買うようにする
それをした上でさらに余力があるなら
行動を変えることによる節約も少しずつ試していくといいかもね
うん！

お金は使わなければいいというものではない

お金を貯めることを意識するだけではなく
自分がどういう人生を歩みたいかを考え
その実現のためにお金を適切に使おうと意識するようになりました
家族や友人大切な人たちと良い関係を築いていたい
やりたいことややりたい仕事をずっとしてたい
衣食住に困らないようにしたい
できる限り自分で動ける身体でいたい
ずっと自分の歯で物を食べたい
私は家計簿をつける時に
このように大きくは2つ細かくは4つに分けることを推奨しています
必要
不要
固定費
生活費
贅沢費
不要
私がお金を使う時に「必要」と「不要」を判断する基準は次のような感じです
GO!

「必要」に分類している物は
生活に直結する支出
住環境
仕事のための道具や機材
これは説明するまでもないかと思います
生活用品等
そして心身の健康が保たれていないと当たり前にできていたことができなくなるので
年齢を重ねると特にこれを痛感する…
寝具や健診などには適切にお金を使いたいです
※高額な物という意味ではないです
Pocket Coil Mattress
人生の1/3は睡眠ですし…
健康は失ってから取り戻す方がお金も労力もかかるので
ここにきちんとお金を使うことでかえって節約になると思っています

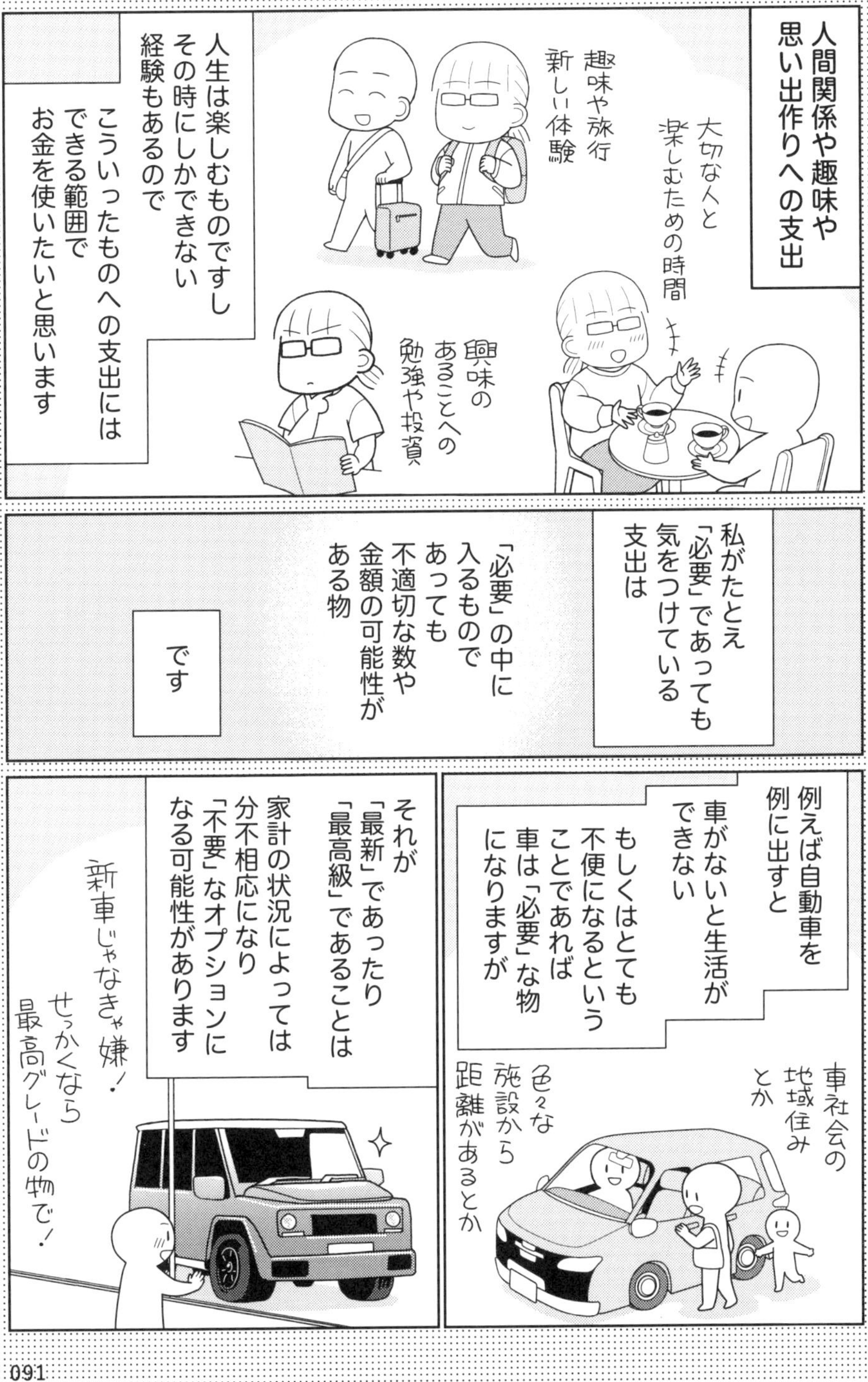
人間関係や趣味や思い出作りへの支出
大切な人と楽しむための時間
趣味や旅行
新しい体験
興味のあることへの勉強や投資
人生は楽しむものですしその時にしかできない経験もあるので
こういったものへの支出にはできる範囲でお金を使いたいと思います
私がたとえ「必要」であっても気をつけている支出は
「必要」の中に入るものであっても不適切な数や金額の可能性がある物
です
例えば自動車を例に出すと
車がないと生活ができない
もしくはとても不便になるということであれば車は「必要」な物になりますが
車社会の地域住みとか
色々な施設から距離があるとか
それが「最新」であったり「最高級」であることは
家計の状況によっては分不相応になり「不要」なオプションになる可能性があります
新車じゃなきゃ嫌!
せっかくなら最高グレードの物で!

そんなの当たり前じゃん…
言われなくてもそんな車買わないし
と思われそうですが
車に限らずいざ素敵な物を目の前にした時に人は案外冷静ではいられないものです
こっちの方が明らかに素敵だ…
予算オーバーだけどこっちにしよう…
さっきのソファでも同じこと言ってたじゃん〜
¥50,000
¥200,000
¥100,000
これは安いものだとより簡単に起こりがちで
どうせ着るし余分に買っておこう
そして使い切れなかったり…
SALE
新製品だから買ってみよう
そして使わず死蔵品になったり…
という感じで
「必要」な物であっても質や数を見誤ると無駄な支出が積み重なってしまうのです
私もかつてこのパターンをやりまくりでした…

大事なのは「これは必須ではないけど贅沢として買った」という「自覚」です
私はそう考えるようになってから
あれもこれも必要だから買ったんだ
ではなく
今月は楽しかったな
でもその分「贅沢費」の支出が多かったから来月は節約しよう
という意識ができるようになったと思います
そして私が「不要」に入れている物に多いと感じるのは
なんとなく買う
衝動的に買う
という行為による支出です
自分が何をどれくらい必要としているか考えず「なんとなく買う」「衝動的に買う」物は
かわいい〜
安いし
買っちゃおう♡
キラーン
買う目的が曖昧ゆえに
だいたいが「不要」な物になりがちです
買ったものの派手すぎてつけて行く場所がない…
ギラ
ギラ

「「必要」な物でも過剰に高い物や過剰な数を買う」
そして「なんとなく買う」「衝動的に買う」
自分に何がいくつ必要なのか把握しないまま
支出が思った以上に大きくなる人の行動パターンはこれに尽きる気がします
私がそうなだけかもしれませんが…
なので私は物を買う時にはその値段の高い安いに関係なく常に
代用品になる物をすでに持っていないか買ったとしてどういう場面で使うのか
を考えるようにしています
私の考え方が何かの参考になれば幸いです
ではまた本文へどうぞ!

Go!

要・不要の判断に超効果的なのは「片付け」

片付けようとは思ってるんだけどね…
例えばこれも先月片付けをするために買ったコスメボックスだし…
収納用品は「必要な物」を入れる物であって
「必要かどうか分からない物」を入れる物じゃないんだよ
えっ？
すごくたくさんのコスメがあるけど
これ全部が本当に必要な物かな
明らかに期限が切れてそうなのもあるけど…
うっ…
ギクッ
…そういえば化粧品ってたくさん持ってるわりに
実際ちゃんと使ってる物ってそんなにないかもしれないなあ…
これとかいつ買ったやつだろ…

片付けは
まず先に全部出して
徹底的にいらない物を手放して必要な物だけ残して
そこではじめて
その必要な物に見合ったサイズの収納用品を買うことができるんだ
つまり①物を厳選して②収納用品を買う
の順じゃないといけなくて
①収納用品を買って②片付ける
は順序が逆なんだよ
なんだか中途半端なことに…
ああああ なるほど…
そして全部出して不要な物を徹底的によけた結果
うあああ…
必要なのはたったこれだけだった…
ズーン…
何年も使ってない
期限切れ
劣化している

新しいコスメボックス
大きすぎたかも…
ちまっ
この量だったら
既存のコスメボックスで
間に合ってたわけだよね…
前のやつ
ひぃん
また余計な買い物を
してしまったあああ
片付けを
してない状態や
自分に何がいくつ
必要なのか
分からない状態で
節約のために
不要な物は
買わないでおこう
本当に必要な
物だけを買おう
と考えても
失敗しやすいのは
こういうこと
なんだよね
キリッ
トホホ…
なるほどな～…
私も片付けが
できていなかった時
かわいいから
素敵だから
という理由だけで

置く場所を決めてないのに雑貨を買ったり
入れる物も決まっていないのに収納用品をついつい買ってしまって
片付けても片付けても物が溢れていた時期があったよ
雑貨貧乏って感じ…
片付けても片付けても
なーんかゴチャゴチャ…
一つ一つはたいした金額じゃないんだけど
小さくてかわいい〜
安い〜
重ねていけば金額は大きくなってしまうんだよね
なんかお金が貯まらない…
そして何か部屋がゴチャついてる…
わかりみしかない
一度しっかり片付けをすると自分に何がいくつ必要かを把握できるようになるし
私は部屋着は○枚あれば足りる
それ以上はあっても着ないし死蔵するから買わない
物の数を把握できれば足りない物だけを買い足すことができるし
マジックが切れた〜
ストックから1本出してストック分を1本買い足そう

余計な物を買わないようになるから
結果お金も貯まるんだよね
素敵な服にお金を出すべきか
私はこのタイプの服は使用頻度が低い上にクリーニングが必要だから維持にもコストがかかる…
似たような服はすでにあるしやめておこう
なるほどな〜片付けはめちゃくちゃ大事だね
逆にこれができていないと
頑張ったわりにお金が貯まらなかったり
節約したつもりがかえって出費につながる行動をとってしまったりするんだ
安いから買おう!
買ったはいいけど使わない…
だから心当たりしかない
うう、わかった
家計簿と並行して片付けも頑張ってみる…
はあ…
このあたりのことを超詳しく描いた片付け本を出してるので詳細はそちらを見てね(宣伝)
「ちゃんとしなきゃ！」をやめたら
二度と散らからない部屋になりました
ドーン

片付けができないことによる弊害

こういうことがあると都度買い替えや修理の必要が生じて
しなくてよかった支出が増えてしまうのです
しかも買うタイミングがはかれなくて再購入で割高になったりする…
わ～ん せっかくセールで買えたやつだったのに～～～
一つ一つは小さな支出かもしれませんが
物を管理できるようにならない限りこの支出は続くので
最終的には決して小さくない金額を失う可能性があります
片付けをすることで
「余計な物を買ってしまうリスク」と
「物を管理できずに余計な出費をするリスク」を小さくすることができます
節約をしたい方はまず片付けをすることをおすすめします

私は部屋着は
○枚あれば
足りる
それ以上はあっても着ないし
死蔵するから買わない

1ヶ月分まとまったら、月ごとの合計を別紙にまとめる

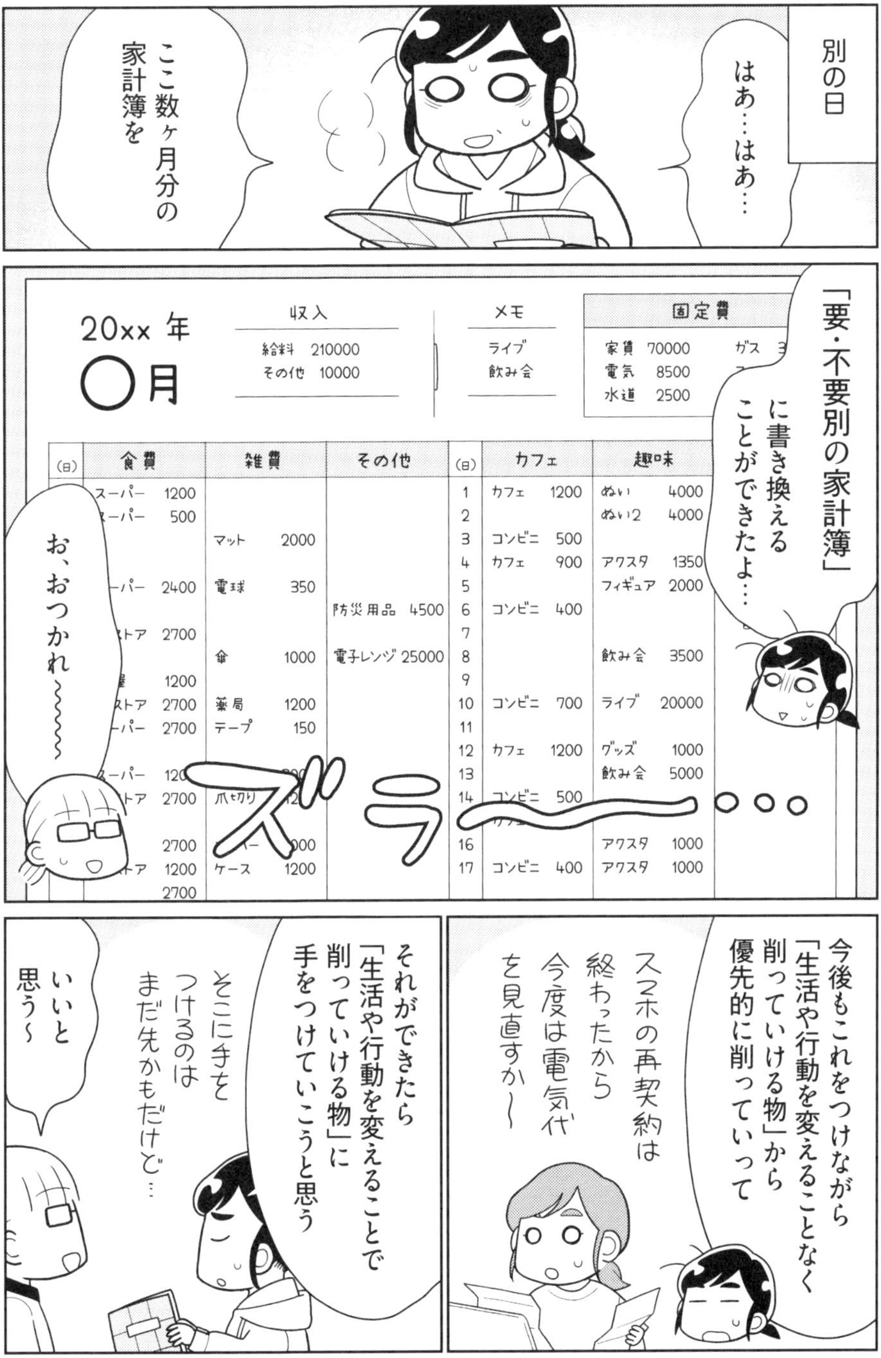

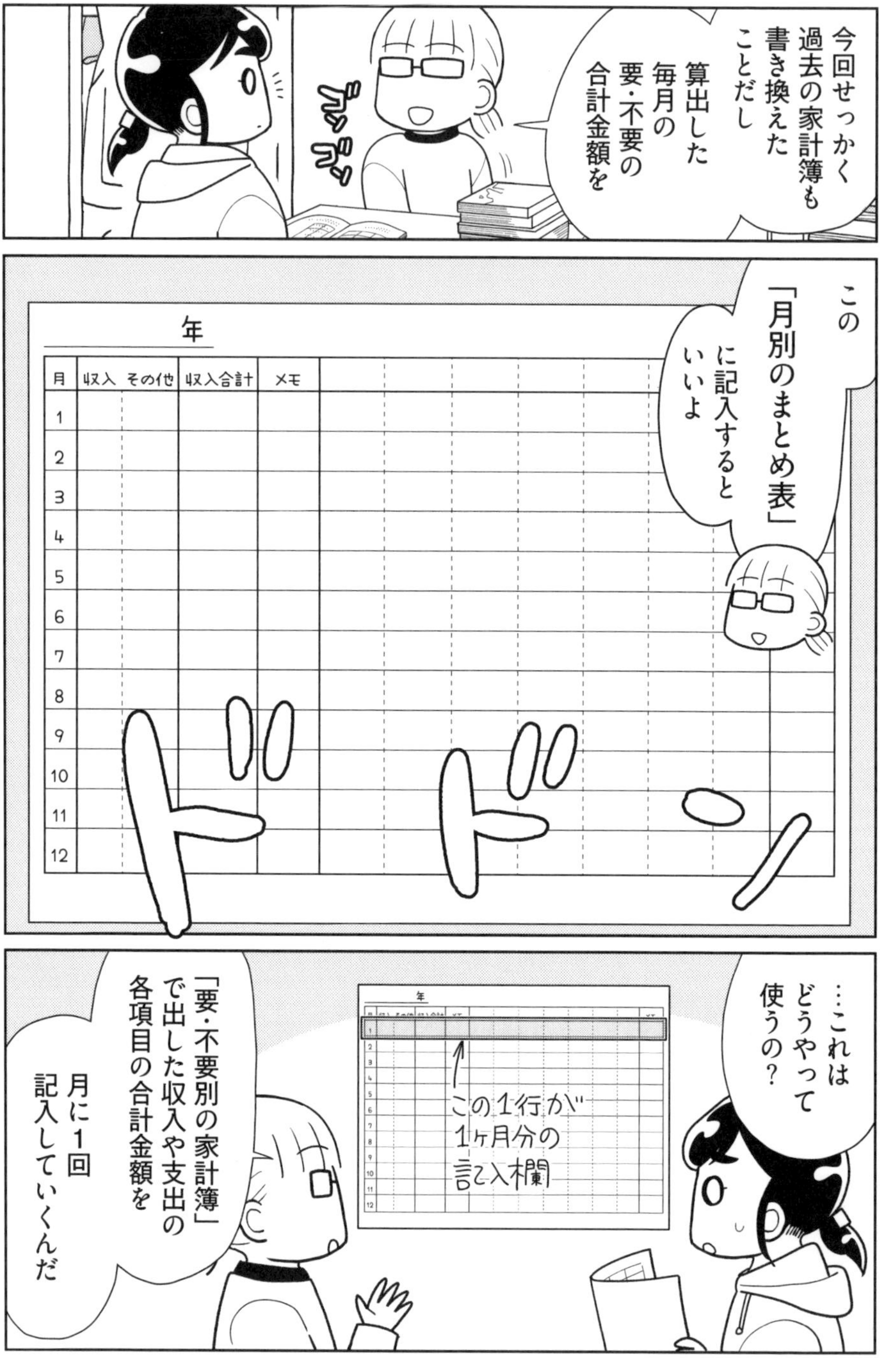
今回せっかく過去の家計簿も書き換えたことだし
算出した毎月の要・不要の合計金額を
ゴソゴソ
この「月別のまとめ表」
に記入するといいよ
年
月 収入 その他 収入合計 メモ
1 2 3 4 5 6 7 8 9 10 11 12
ドドーン
…これはどうやって使うの？
「要・不要別の家計簿」で出した収入や支出の各項目の合計金額を
月に1回記入していくんだ
この1行が1ヶ月分の記入欄

前の月と比較することで支出の増減に気づきやすいし
「贅沢費」の支出が増えてるなァ
先月は買い食いが多かったから今月は少し控えよう
無駄な支出が減らせてるか確認できるし
衝動買いに気をつけるようになってから「不要」が減ったな～
この調子で頑張ろう！
家計簿でつけた1年分の結果がひと目で分かるからおすすめなんだ
ふむふむ
記入中
カキカキ
データがたまってくると何月に何の出費が多くなる傾向があるとかそういうことも分かってくるよ
長期休暇の時期は旅行で支出が増えるな
セール時期も支出が増える傾向があるな
なるほどね～おもしろーい

こうして見ると「食費」と「雑費」ってそこまで変動しないんだなあ
不要
必要
不要
贅沢費
生活費
固定費
食費
雑費
その他
生活に必要最低限かかる金額って決まってるんだな〜
逆に「趣味」は月によってすごい落差があるな…
不要
必要
不要
贅沢費
生活費
固定費
趣味
カフェ代
イベント事がある月は支出がスゴイ…
こうして見るとたとえお金に余裕があった月でも
思ったよりお金があまった〜
何に使おう〜♥
ってはしゃぐより使うべき時用に残すって考え方しないとだよね…
そうそう
月ごとの支出を把握できると
そういう計画を立てやすくなるんだ
うんうん
あとは不定期にある月ごとの大きな支出予定もあらかじめメモしておくと
心構えができるので手元の現金を安易に散財することが減るんだよね
なるほど
趣味 不要 支出合計 支出メモ
2000 5000 162000 ライブ
3000 3000 162000
20000 2000 175000 旅行
1000 151500
500 162000 ライブ
3000 162000
帰省

今思えば結構な頻度で
次の月に来る
大きな支出を忘れて
手元の現金を
使っちゃってたなぁ
しまった！
今月大きい支払いが
あるの忘れてた！
余裕あると思って
先月使いすぎた…
やりがち
だよねぇ
不定期に来る
大きな支出の内容は
各家庭によって
違うと思いますが
税金や保険料の
引き落とし
お子さん関連の
支払い
支出合計
支出メモ
固定資産税
車検
家電買換
旅行
それらをあらかじめ
「月別のまとめ表」で
可視化することに
よって
増減する
月々の支出に
慌てずに済みます
来月は車検
なんだな
月に1回
家計簿の合計額を
書きうつすだけだから
大した労力じゃないし
これからも
やるようにするわ
うん
新・家計簿

要・不要別の家計簿

今月予定していることをメモする

固定費エリア

20xx 年
○月

収入		メモ
給料	210000	ライブ
その他	10000	飲み会

固定費			
家賃	70000	ガス	3500
電気	8500	スマホ	・
水道	2500	ネット	・

生活費エリア　贅沢費エリア　不要エリア

(日)	食費	雑費	その他	(日)	カフェ代	趣味	不要
1	スーパー 1200				カフェ 1200	ぬい 4000	Tシャツ 3000 サイズ間違い
2	スーパー 500					ぬい2 4000	
3		マット 2000			コンビニ 500		
4					カフェ 900	アクスタ 1350	ノート 200 すでに持っていた
5	スーパー 2400	電球 350				フィギュア 2000	
6			防災用品 4500	6	コンビニ 400		チーク 1200 色が合わなかった
7				7			
8	○ストア 2700	傘 1000	✓電子レンジ 25000	8		飲み会 3500	
9				9			
10	肉屋 1200	薬局 12…		10	コンビニ 700		
11	○ストア 2700	テープ		11			
12	・	・		12	・	・	
13	・			13	・	・	・
・			・	・	・	・	・
30			・	30	・	・	・
31	・	・	・	31	・	・	・
	合計 25000	合計 7000	合計 30000		合計 10000	合計 20000	合計 6000

生活費合計 62000　贅沢費合計 30000　不要合計 6000

特別に買う物や食費や雑費とは別で把握しておきたい物を書く

クレカを使った物は必要ならチェックマークなどを入れておく

「不要」は買った理由をメモすると同じ失敗を回避しやすくなる

自炊食費は細かく節約したい場合のみ内訳を書く
細かいと続かないと思うなら無理せず合計金額で良い

各項目合計を書いておくと「月別のまとめ表」や「ライフプランニング表」にうつす時に楽になる

収入合計	支出合計	繰越金額
220000	218000	2000

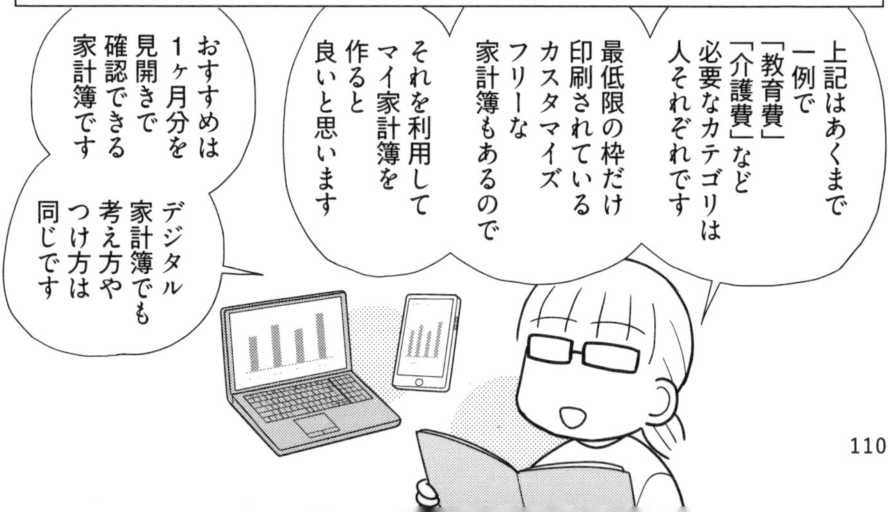

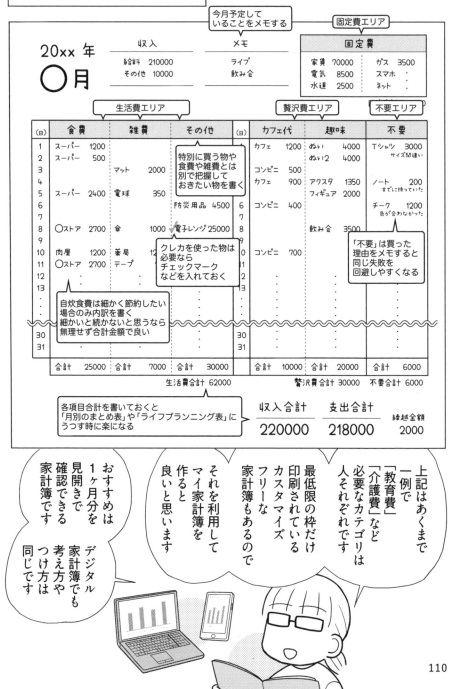

月別のまとめ表

前年度までの貯蓄額	今年度の収入−支出	現在の貯蓄額
③前年度繰越	今年度繰越 ①-②	総貯蓄額 ①-②+③
100000	328000	428000

(月)	収入 手取り収入	その他収入	①収入合計	収入メモ	固定費 固定費	生活費 食費	雑費	その他	贅沢費 カフェ代	趣味	不要 不要	②支出合計	支出メモ
1	210000	10000	220000	フリマ	120000	35000	22000	30000	10000	20000	6000	243000	電子レンジ ライブ
2	210000				120000	37000	24000	0	2000	3000	3000	192000	
3	210000				120000	35000	19000	5000	4000	20000	2000	205000	ライブ
4	210000				120000	35000	23000	0	3000	500	1000	182500	
5	210000	0	210000		120000	35000	21000	3000	5000	3000	500	187500	
6	210000	10000	220000	フリマ	120000	37000	22000					193000	
7	210000	0	210000		120000	35000	23000					198000	ライブ
8	210000	0	210000		120000	35000	23000					194000	
9	210000	0	210000		120000	35000	24000					184000	
10	210000	0	210000						3000	500	1000	180500	
11	210000	0	210000						15000	60000	500	249500	旅行
12	210000	210000	420000	ボーナス					7000	25000	3000	213000	忘年会
	2520000	230000	2750000		1440000	426000	267000	48000	62000	155500	23500	2422000	

いつもと違う
支出や収入に対して
メモをしておくと
後で思い出しやすい

「その他」のような
イレギュラーな支出や
「カフェ代」「趣味」「不要」など
生活に直結しない支出は
月によって変動が大きい

「固定費」「食費」「雑費」など
生活に直結する支出は
そこまで動きは大きくない

収入合計 2750000

固定費合計 1440000　生活費合計 741000
└基礎生活費合計┘ 2181000

贅沢費合計 217500　不要合計 23500
└変動費合計┘ 241000

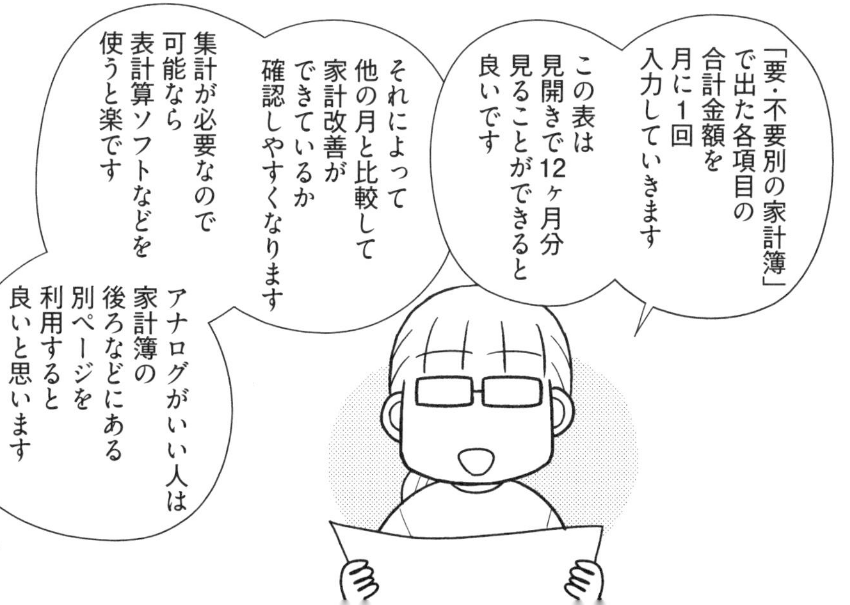

「要・不要別の家計簿」で出た各項目の合計金額を月に1回入力していきます
この表は見開きで12ヶ月分見ることができると良いです
それによって他の月と比較して家計改善ができているか確認しやすくなります
集計が必要なので可能なら表計算ソフトなどを使うと楽です
アナログがいい人は家計簿の後ろなどにある別ページを利用すると良いと思います

要・不要が判断できなくなる様々な原因

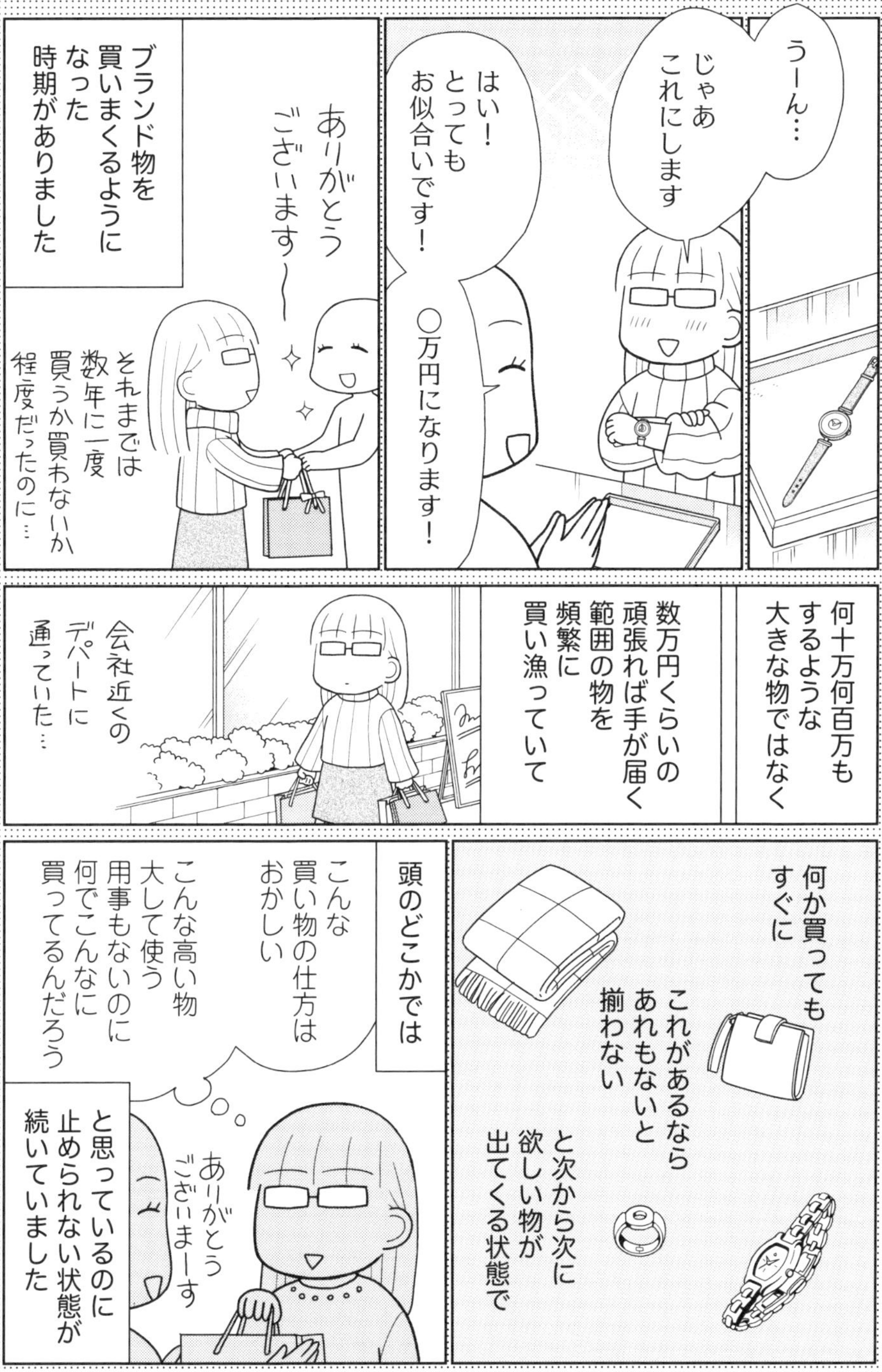
うーん…
じゃあ
これにします
はい!
とっても
お似合いです!
○万円になります!
ブランド物を
買いまくるように
なった
時期がありました
ありがとう
ございます〜
それまでは
数年に一度
買うか買わないか
程度だったのに…
何十万何百万も
するような
大きな物ではなく
数万円くらいの
頑張れば手が届く
範囲の物を
頻繁に
買い漁っていて
会社近くの
デパートに
通っていた…
何か買っても
すぐに
これがあるなら
あれもないと
揃わない
と次から次に
欲しい物が
出てくる状態で
頭のどこかでは
こんな
買い物の仕方は
おかしい
こんな高い物
大して使う
用事もないのに
何でこんなに
買ってるんだろう
ありがとう
ございまーす
と思っているのに
止められない状態が
続いていました

そんな日々は
意外にも
あっさりと
終止符を打ちます
きっかけはある時
言われた会社の先輩
からのひと言
おはよう
ございます～
………
…ねえ
先週はバッグで
今週はネックレス…
その前も
何か
買ってたよね…？
買いすぎて
ない…？
大丈夫…？
使う場所がないので
会社で使っている物もあった
本気で
ドン引きの顔
先輩は
ファッションや
ブランドに
関心が高めで
普段は
新しい物を
身につけていると
あっかわいい～
新しいの
買ったの？
いいな～♥
あ
はい～
のような反応を
するタイプ
だったのですが
そういう人に
こんな顔を
させてしまった
と思った瞬間
怪訝
何か
悩んでる？
ドン引き
心配の表情
大丈夫？

は、恥ずかしい…
カァァァ
他人から
そう思われてたのか…
だ、大丈夫
です…
そう？
という気持ちになり
そのショックが
きっかけとなって
あれほど強かった
買い物欲が
ピタッと
止まったのでした
使い道のほぼない
ブランド品の数々…
ごっちゃり…
今思えば
当時は仕事で
色々な悩みを
抱えていて
疲れた心の中に
スキのようなものが
できてしまっていたのかな
と思います
買い物
依存症的なものに
なりかけ
だったのかな…と…

このように
普段は支出を
ある程度コントロール
できていても
ストレスなどから
要・不要の判断が
できなくなるケースも
あるので
家計簿を
つけることも
大事ですが
よく食べて
よく休む
心身の健康に
気をつけることが
本当に大切だと
思います
ちなみに
このことで
猛烈に貯金が減った上に
リセールバリューが
低い物ばかり
買っていたために
売っても
二束三文にしか
なりませんでしたとさ
ズゥーン…
余裕がないと
そういうことも
考えられないんだなと
思いました…
このお金が
少しでも
残っていれば…
皆様も
お気をつけください…

使い道のほぼない
ブランド品の数々…↓
ごっちゃり…

第14話

貯金の定番「先取り貯金」が、なぜか継続できない理由

認識した「不要」をどう減らすか考えて行動することを繰り返してると要・不要の判断力がどんどん上がっていく感じがするんだよね
解約しそこねてるサブスク費がないかチェック！
毎月のサプリ効いてるか分からない物は一旦やめてみるか
前の自分では絶対気づかなかったものも結構あるよ
そしてクレカは絶賛封印中
おお…
でも現金決済の今使ったお金が今なくなるっていうシンプルさが思った以上によくてね
10000
翌月の支払いに追われて青くなるってことがなくなって家計管理のストレスがだいぶ減ったよ
すごいねえ短期間で効果が出て

そういえば お金を貯めるには 収入からあらかじめ 決まった金額を 引いて貯めておく 「先取り貯金」が いいって聞くけど
私もやった方が いいのかな?
うーん
毎月の 「要・不要別の家計簿」や 「月別のまとめ表」を 半年くらいは つけ続けて
自分が どれくらいの支出で 生活をしているのか 把握できてからでも 遅くはないかな
えっ
早くから やっておいた方が いいんじゃないかと 思ったけど
違うの?
そうだ なあ…
貯金のために 「生活費の予算を 決める」とか
「先取り貯金をする」 って方法はもちろん 有効なんだけど…
ありがとう ございまーす

自分が今何に
どれくらいのお金を
使って生活してるかが
分からない段階で
食費は
2万に収めるぞ！
毎月5万を
先取り貯金するぞ！
って決めて
実行しても
実際は継続
できなかったり
するんだよね…
食費2万とか
無理…
仕事が忙しすぎて
自炊つらいし
節約レパートリーも
とぼしいし…
今月まだ半ばなのに
お金がない～
しょうがないから
先取り貯金を
崩して…
こんなことばっかりで
全然積み上がって
いかない～～～
ATM
今思い出したけど
そういえば私も
昔
先取り貯金を
したことあったかも
毎月
給料日に
A銀行から
B銀行に
3万円
自動送金♪
¥30,000

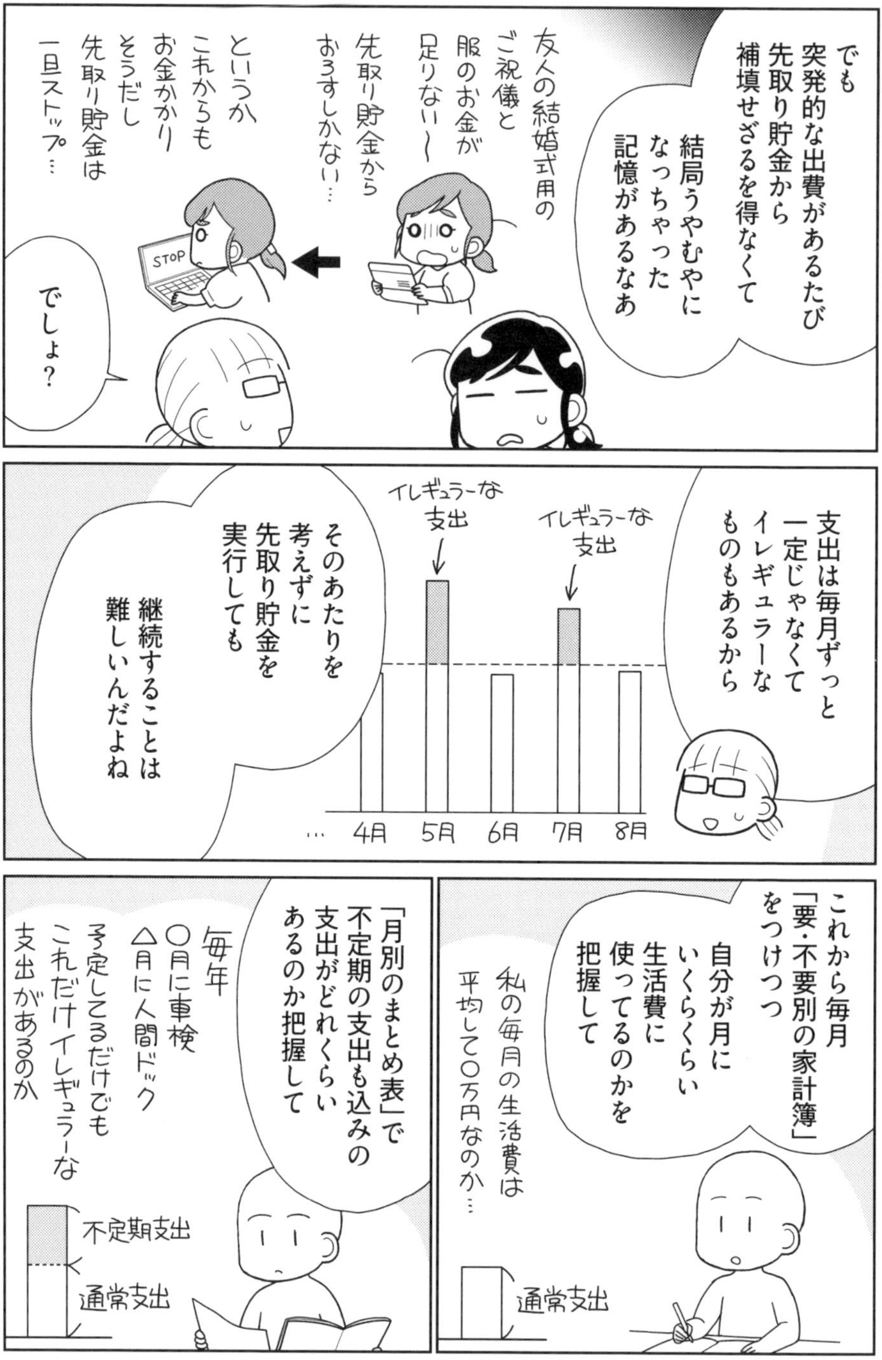

でも突発的な出費があるたび先取り貯金から補填せざるを得なくて
結局うやむやになっちゃった記憶があるなあ
友人の結婚式用のご祝儀と服のお金が足りない〜
先取り貯金からおろすしかない…
というかこれからもお金かかりそうだし先取り貯金は一旦ストップ…
STOP
でしょ?
支出は毎月ずっと一定じゃなくてイレギュラーなものもあるから
イレギュラーな支出
イレギュラーな支出
…
4月
5月
6月
7月
8月
そのあたりを考えずに先取り貯金を実行しても
継続することは難しいんだよね
これから毎月「要・不要別の家計簿」をつけつつ
自分が月にいくらくらい生活費に使ってるのかを把握して
私の毎月の生活費は平均して○万円なのか…
通常支出
「月別のまとめ表」で不定期の支出も込みの支出がどれくらいあるのか把握して
毎年○月に車検△月に人間ドック予定してるだけでもこれだけイレギュラーな支出があるのか
不定期支出
通常支出

そこではじめて
月にいくらくらい先取り貯金すればいいか
継続可能な数字を予測できるようになるんだよね
ここが余裕分
不定期支出
通常支出
収入
年間だいたいこれくらい余裕ができるのか…
そうすると月2万くらいはイケるかな
先取り貯金って先に貯金を取って残った金額の範囲内で生活することで
強制的に貯金ができるって言われてるしそれは正しいんだけど
収入
残金
この範囲内で暮らす
貯金
先に取っておく
今まで「貯金をしようと思ってるのに全然できない」
と悩んだ経験がある人ほど
勇むと失敗する可能性が高いんだ
よーし！まずは毎月3万だッ
要・不要の判断が曖昧な状態かつ一人暮らし手取り16万でそれはハードルが高いのでは…
先取り貯金は本当に少額からはじめるか
「要・不要別の家計簿」と「月別のまとめ表」を最低半年くらいつけて
自分がどれくらいの支出で生活しているのか把握してから徐々にはじめてもいいと思う
なるほどね

「要・不要別の家計簿」をデジタルで行う場合

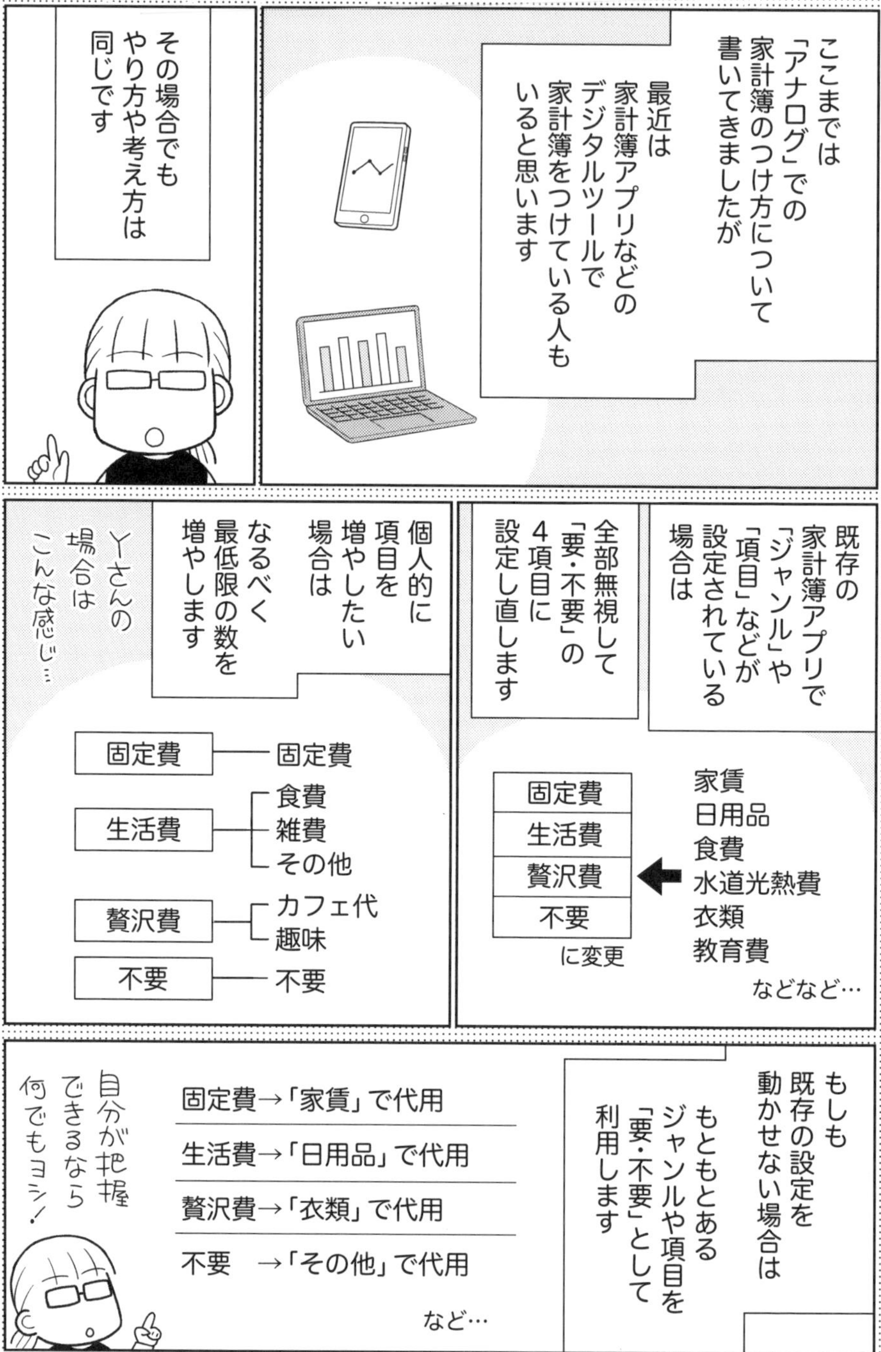
ここまでは「アナログ」での家計簿のつけ方について書いてきましたが
最近は家計簿アプリなどのデジタルツールで家計簿をつけている人もいると思います
その場合でもやり方や考え方は同じです
既存の家計簿アプリで「ジャンル」や「項目」などが設定されている場合は
全部無視して「要・不要」の4項目に設定し直します
家賃
日用品
食費
水道光熱費
衣類
教育費
などなど…
固定費
生活費
贅沢費
不要
に変更
個人的に項目を増やしたい場合は
なるべく最低限の数を増やします
Yさんの場合はこんな感じ…
固定費 — 固定費
生活費 — 食費 雑費 その他
贅沢費 — カフェ代 趣味
不要 — 不要
もしも既存の設定を動かせない場合は
もともとあるジャンルや項目を「要・不要」として利用します
固定費→「家賃」で代用
生活費→「日用品」で代用
贅沢費→「衣類」で代用
不要　→「その他」で代用
など…
自分が把握できるなら何でもヨシ!

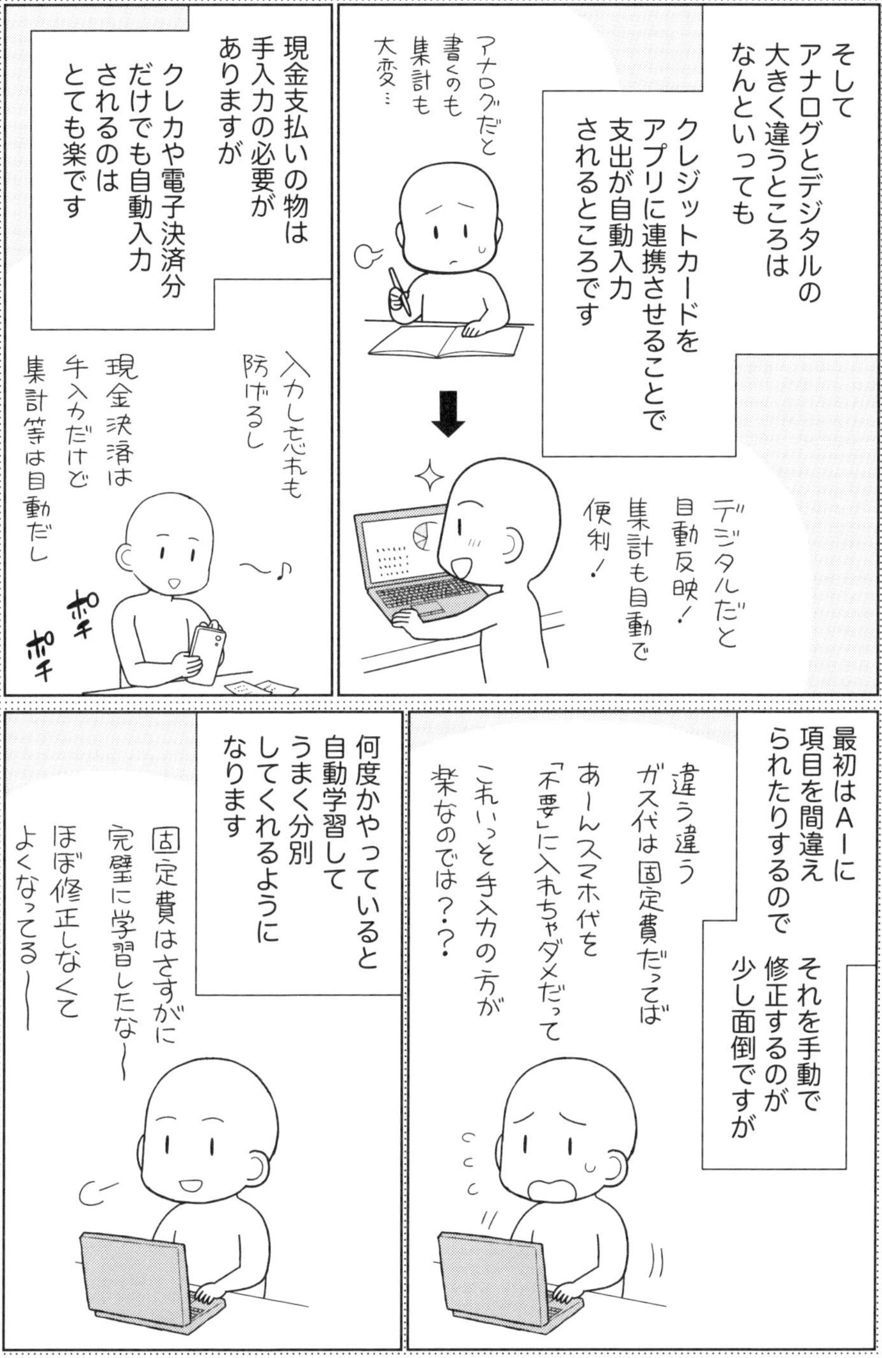
そして
アナログとデジタルの
大きく違うところは
なんといっても
クレジットカードを
アプリに連携させることで
支出が自動入力
されるところです
アナログだと
書くのも
集計も
大変…
デジタルだと
自動反映!
集計も自動で
便利!
現金支払いの物は
手入力の必要が
ありますが
クレカや電子決済分
だけでも自動入力
されるのは
とても楽です
入力し忘れも
防げるし
現金決済は
手入力だけど
集計等は自動だし
～♪
ポチ
ポチ
最初はAIに
項目を間違え
られたりするので
それを手動で
修正するのが
少し面倒ですが
違う違う
ガス代は固定費だってば
あ～んスマホ代を
「不要」に入れちゃダメだって
これいっそ手入力の方が
楽なのでは?.?
何度かやっていると
自動学習して
うまく分別
してくれるように
なります
固定費はさすがに
完璧に学習したな～
ほぼ修正しなくて
よくなってる～

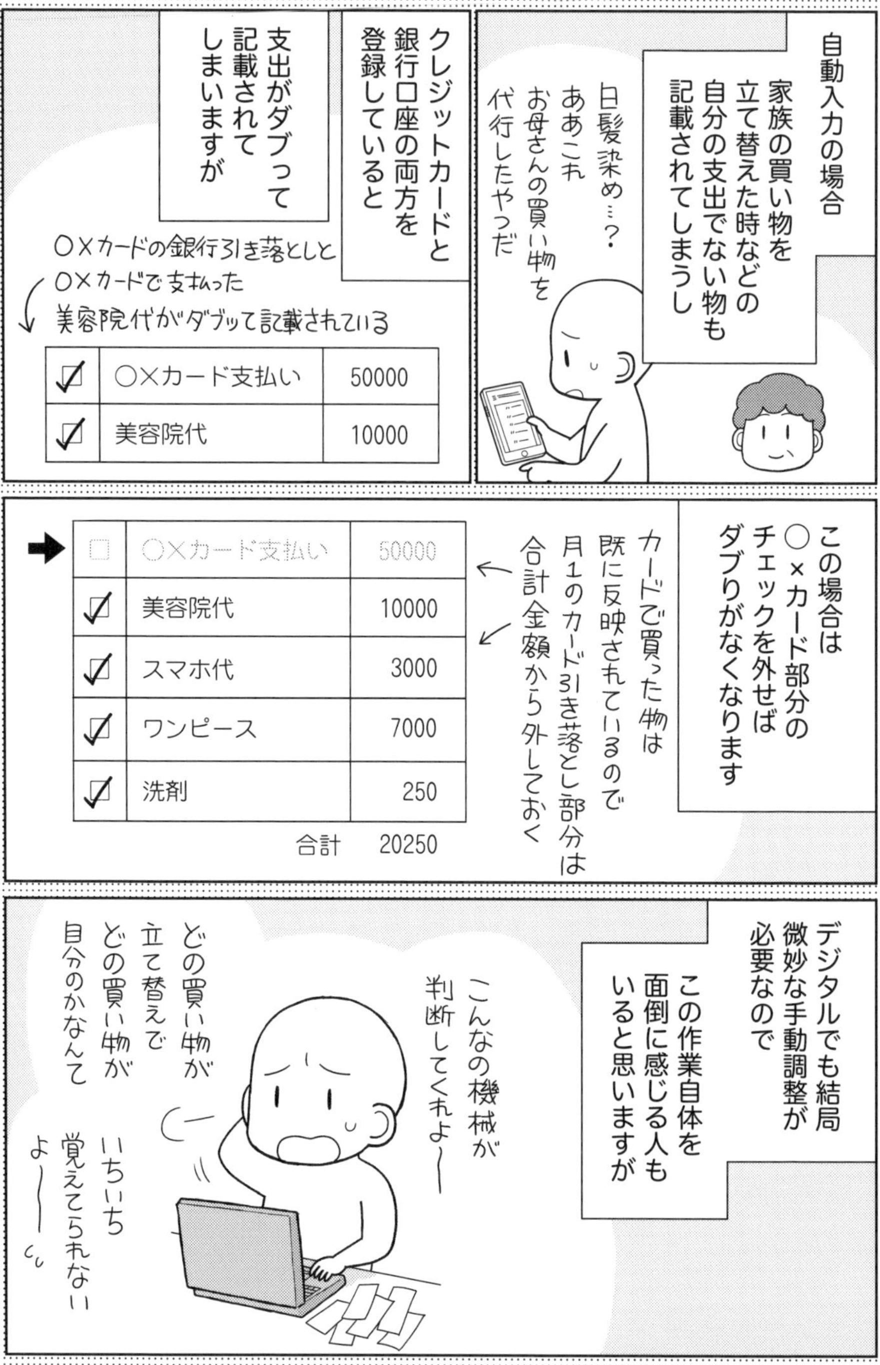
自動入力の場合
家族の買い物を立て替えた時などの自分の支出でない物も記載されてしまうし
白髪染め…？
ああこれお母さんの買い物を代行したやつだ
クレジットカードと銀行口座の両方を登録していると
支出がダブって記載されてしまいますが
○×カードの銀行引き落としと○×カードで支払った美容院代がダブって記載されている
○×カード支払い 50000
美容院代 10000
この場合は○×カード部分のチェックを外せばダブりがなくなります
カードで買った物は既に反映されているので月1のカード引き落とし部分は合計金額から外しておく
○×カード支払い 50000
美容院代 10000
スマホ代 3000
ワンピース 7000
洗剤 250
合計 20250
デジタルでも結局微妙な手動調整が必要なので
この作業自体を面倒に感じる人もいると思いますが
こんなの機械が判断してくれよ〜
どの買い物が立て替えでどの買い物が自分のかなんて
いちいち覚えてられないよ〜〜

逆に言うと
このくらいは
自分の支出に関心を持って
管理ができていないと
支出行動の反省や改善を
繰り返していくことは
難しいと言えます
支出に無関心のままで貯金や節約は難しいです
はあい…
「要・不要別の家計簿」を
1ヶ月つけ終わったら
前月と今月で支出行動がどう違っていたのか把握するために
要・不要の項目の合計金額を「月別のまとめ表」にうつすことをおすすめしているのですが
1月
2025年
デジタルの場合はその合計金額も自動で算出されるのでうつす時にとても楽です
1月の「不要」の合計は〇万円で
「生活費」の合計は×万円か～
大切なのはアナログかデジタルかではなく
自分が苦がなく続けられるかどうかです
自分に合った家計簿のツールを見つけてみてください

第15話

最後に「ライフプランニング表」を作ってみる

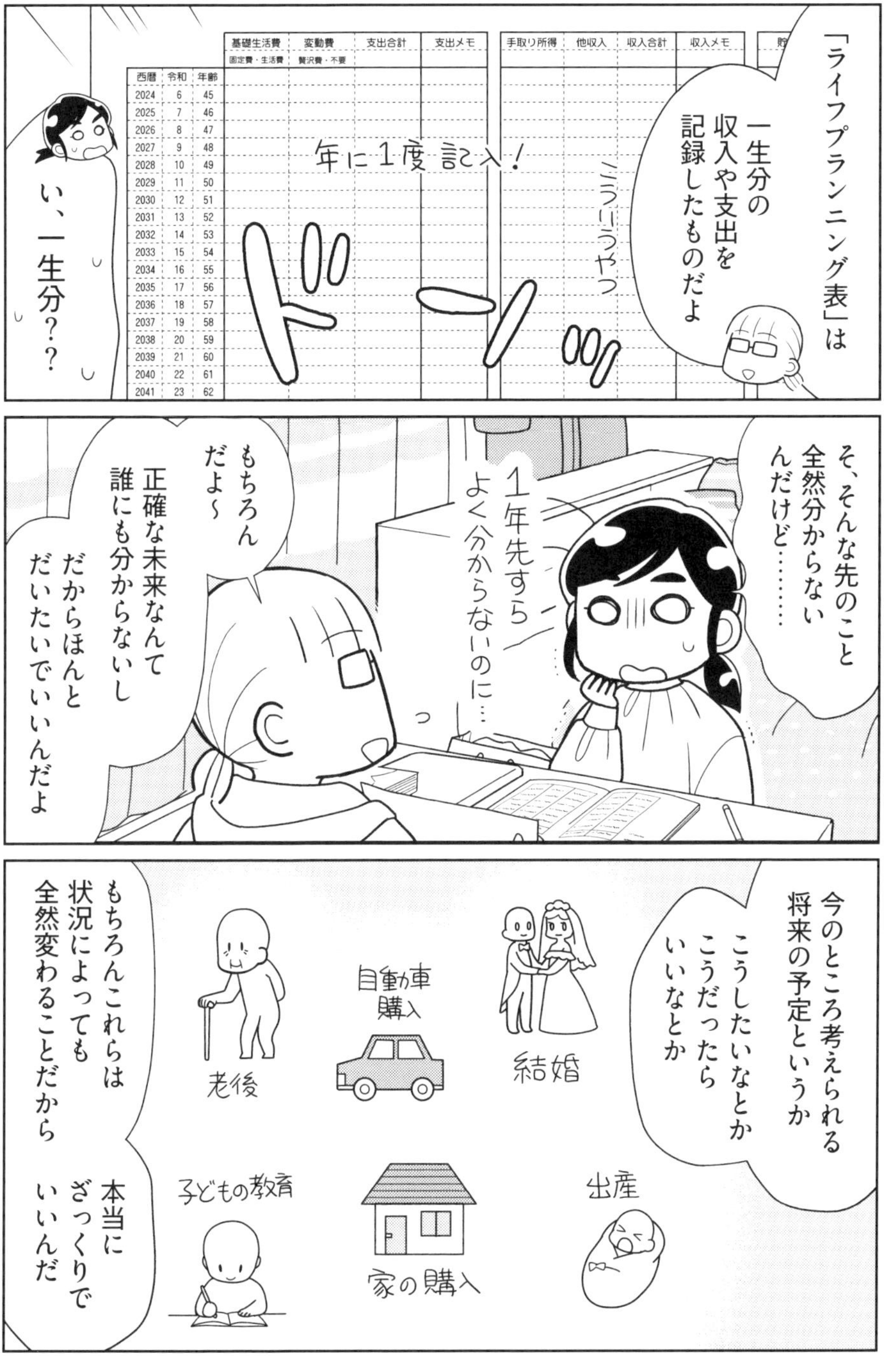
「ライフプランニング表」は
一生分の収入や支出を記録したものだよ
こういうやつ
基礎生活費 固定費・生活費
変動費 贅沢費・不要
支出合計
支出メモ
手取り所得
他収入
収入合計
収入メモ
西暦 令和 年齢
2024 6 45
2025 7 46
2026 8 47
2027 9 48
2028 10 49
2029 11 50
2030 12 51
2031 13 52
2032 14 53
2033 15 54
2034 16 55
2035 17 56
2036 18 57
2037 19 58
2038 20 59
2039 21 60
2040 22 61
2041 23 62
年に1度記入!
ドーーン
い、一生分??
そ、そんな先のこと全然分からないんだけど……
1年先すらよく分からないのに…
もちろんだよ～
正確な未来なんて誰にも分からないし
だからほんとだいたいでいいんだよ
今のところ考えられる将来の予定というか
こうしたいなとか こうだったらいいなとか
結婚
自動車購入
老後
出産
家の購入
子どもの教育
もちろんこれらは状況によっても全然変わることだから
本当にざっくりでいいんだ

一生で起きるイベントをイメージしながら表を作ると
「このあたりがお金がかかりそうだな」とか
「このあたりはそうでもないからむしろ貯め時かな」とか
「生活を維持するには何歳まで働けばいいのかな」
など
家を買いたいなら頭金は○歳までにいくら必要だなとか
子どもにかかる各費用はいついくらかかるなとか
このあたりで家電が寿命で買い換えかなとか
お金に関する頑張り時や使い時がイメージしやすくなるんだ
うう…なんか知るのが怖い気もするけど…
えーと…
結婚は…このままだと多分しないだろうなあ
特に願望もないし…
万一したとしても子どもはいないだろうし…
年齢的にも…
定年までは働くだろうなあ…
貯金がなければそれ以降も働く必要があるよなあ…
業種もおそらく今と変わらないと思う…

家はまあ… 買えない だろうな…
となると賃貸か… そうすると家賃は ずっと必要だな…
実家は残るかも しれないけど 地元に戻るつもり はないし…
老後は年金を 貰うことになるけど…
でも年金は 減額されるかもって 言われてるし…
………
………
なんか…
自分が今まで お金と向き合って きたことが…
全部 焼け石に水のような 気がしてきた……
スン…
えええ!?

だってさあ
老後はたしか 2000万だか 4000万だか 必要なんでしょ？
そんなお金 どこにあるの？
いやそれは 貰う年金の額や 生活レベルによるから
人によって 全然違うけどね
個人的にはすごく謎な 数字だと思ってるよ
インフレで更に 必要な金額が 上がるかもって ニュースでやってたし…
なんか食品から 何からどんどん 値上がっていく…
実際物価は どんどん上がってる 感覚があるし…
なんか… 私…
やって いけないんじゃ ないかな…
もう手遅れで ダメなんじゃ ないかな…

良くなる方向に
行動をしていれば
何とかなるでしょ
………
え…
な、なんか急に
投げやりじゃない…？
遂に匙を投げられた…？
いやいやいや
大事なことだよ
Yさんは
自分の状況から判断して
「一生分のお金を
用意するのは無理」
「だからもうダメだ」
って言ってるん
だよね？
だって…
計算したら
どう考えても
そうなるじゃん…
現状だけ見れば
そうかもしれないけど
その考え方はちょっと
違うと思うんだよね
私でもそれくらい分かるよ…

数ヶ月前まで
Yさんは
一生懸命
家計簿をつけても
貯金に繋げられ
なかったけど
なんでまた
先取り貯金
を崩すことに
なってるんだろう
妹は収入が
少なくても
貯金できて
いるのに…
今は「要・不要別の
家計簿」をつけて
着実に不要をあぶり出して
支出を減らせるように
なっているし
それ以外のことも
どんどん見直せるように
なっているじゃない
!
今のYさんは
家計簿に並んだ数字に
ただただ
圧倒されていた
過去のYさんとは
全然違うよね
………ッ
無理や我慢を
特別していないのに
やり方や視点を
変えただけで
短期間でこれだけ
変わるんだよ
そして
お金を貯める方法は
今知ってることが
すべてじゃない
Yさんが知らない
稼ぐ方法や節約方法は
まだまだ
たくさんあると思う

意識することで今まで気付けなかった情報も目に入るようになる
副業
転職
様々な節約術
ポイ活
投資
まだまだできることはあると思うよ
貯金や節約を意識しながら生活することで
自分が思ってもいなかったアイデアに出会ったり
自分が思ってもいなかったことができるようになっていくんだと思う
「ライフプランニング表」は
どのタイミングでどのくらい頑張ればいいかの目安として大切なものだけど
あくまで目安でしかない
2025年
未来は先になればなるほど不確定だから
病気
災害
失業
戦争や経済危機

Yさんにも私にも誰にも未来に対して完璧に備えることなんてできないんだよね
まあたしかにね…
子どもの頃や若い時に今の自分を想像できてたかっていったら
よくも悪くも全然違ってたしなあ…
結婚して子どもを産んで…って何となく思ってたけど
シングルの方が自分には合うと思うようになったし
仕事の内容も全然想像と違うし
その場その場の選択や行動で人生は全く違うものになっていくよね
自分がやりたいことが目の前に来た時に
頼りになるものの一つが「お金」や支出をコントロールする「習慣」だったりするけど
お金があれば引っ越しや転職や休職などもできる
引越
支出管理ができていれば少ないお金でもやりくりしやすくなる

やりたいと思うことに気づかせてくれるのは
家族や友人など大切な人たちとの「人間関係」からだったりするし
その仕事今人を募集してるみたいだよ
えっ!やりたい!
そのやりたいことをはじめるためには「心身の健康」だったり
よーしやるぞー!
そういう「お金以外」のことも大切になってくる
だから節約するにしても
何でもかんでも削ってお金を残すことだけを考えるんじゃなくて
とにかく買わない!とにかく貯める!
貯金をするにはそれが一番!
要・不要を判断する力を鍛えて
この支出は絶対に必要だったから今後も続けよう
この支出は贅沢と言えるから頻度を下げよう
家計簿
不要な物を買う習慣をなくして
その分を心身の健康や大切な人間関係など本当に必要なことにバランスよく使うことで

お金に困ることがない
そしてお金以外にも困ることのない人生に近づいていけるんじゃないかと思うんだよね
…うん
…でも今のままだと一生分には到達しないっていうことが分かっちゃったんだなぁ
たとえ目標金額が遠かったとしても
今までみたいに貯金がなくて何かあった時にすぐ困ることになるのと
立ち止まって考えたり路線変更する余裕が持てるのでは全然違うよ
今月のクレカの支払いがヤバイ〜
貯金はあるから今のうちに別の方法を模索しよう
「どうせ足りない」とか「もう間に合わない」とか今の段階で極論に走っちゃうと
本当にダメになりかねないから
いざ福祉に頼るにしても調べる手段や時間があった方が有利だし…
…うん…

良くなる行動をしていれば何とかなるっていうのはさじを投げてるように思えるかもしれないけど
やるべきことはやった上で後はきっと何とかなるし何とかできるって気持ちを持つことも大事だと私は思うようにしてるんだよね
そっか…あまりにも先のことを考えすぎて不安になっていてもしかたないよね…
何か起きた時にいきなり詰んでしまわないように良い方向に少しずつでも行動していくことが大切だと思うよ
うんうん
よし!じゃあ改めて前向きな気持ちで「ライフプランニング表」を作ってみるか
うん!

ライフプランニング表

西暦	令和	年齢	基礎生活費（固定費・生活費）	変動費（贅沢費・不要）	支出合計	支出メモ	手取り所得	他収入	収入合計	収入メモ	貯蓄額
											10
2024	6	45	218	29				23	275		38
2025	7	46	218	29				23	275		66
2026	8	47	218	29				23	275		94
2027	9	48	218	29				23	275		122
2028	10	49	218	29				23	275		150
			250	30	280	突発支出	260	23	283		153
			218	29	247		260	23	283		189
			218	29	247						225
			218	29	247						261
			218	29	247						297
2034	16	55	250	30	280	突発支出					310
2035	17	56	230	30	260						343
2036	18	57	230	30	260		270	23	293		376
2037	19	58	230	30	260		270	23			409
2038	20	59	230	30	260		270	23			442
2039	21	60	250	30	280	突発支出	270	23			455
			230	30	260		270	23			488
			230	30	260		270	23			521
			230	30	260		270	23			554
			230	30				23	293		587
			250	30				500	770	年金受取・退職金	1077
			200	30				50	170	パートなど	1017
			200	30				50	170		957
2047	29	68	200	30							897
			200	30							837
			250	30	280	突発支出	120				677
			200	30	230		120				567
			200	30	230		120				457
			200	30	230		120				347
			200	30	230		120				237
			250	30	280	突発支出	120	0	120		77
2055	32	76	200	30	230		120	0	120		-33
2057	34	78	200	30	230		120	0	120		

生活に
直結する支出である
固定費と生活費の
合計金額を毎年記入

生活に直結しない
調整可能な
贅沢費と不要の
合計金額を毎年記入

夫婦共稼ぎの場合は
夫の稼ぎと
妻の稼ぎの項目を
設ける

前年度貯金額と
今年度の収入−支出を
足した金額

現在予想される収入額や支出額を
記入していく
100%この通りにはならないが
家計簿をつけることで数字を
現実に近づけることができる

家族がいる場合は
家族全員分の
年齢を記入する

イレギュラーな支出が
あることを予想して
数年に一度大きな金額を
入力しておく

年金受取や退職金
親からの贈与など
何からの収入か
メモをしておく

インフレや物価高を
考慮して支出額は少し
ずつ上がる計算
同時に老後は生活費が
多少下がる計算

結婚資金、入学金、
留学費、住宅ローンの
頭金など具体的な
支出を予定して
いればそれを書く

ここの貯蓄額の変動によって
いつどのくらい稼げばいいか
どのくらい節約すればいいか
今のペースだと何歳まで
資産が持つかを検証できる

家族がいる場合は
子どもの独立などに
よる同居人数の増減で
支出額が変わることを
加味する

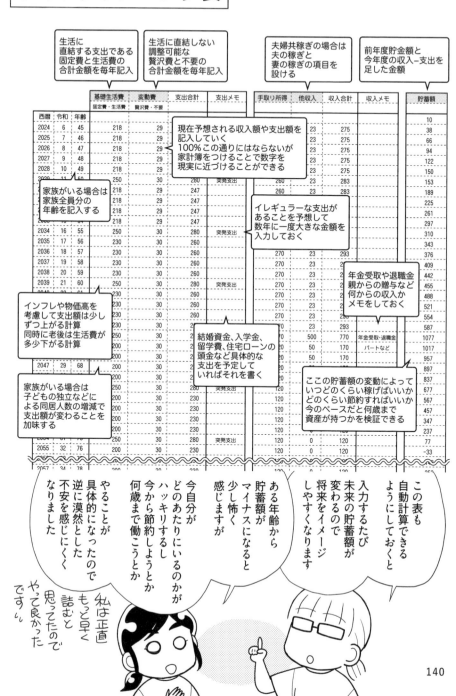

「好きな企業を応援するつもりで投資しよう」は正解か

すぐに
その企業の株を
購入した結果
ものの見事に
大暴落
を
喰らったことが
あります
その後も
その企業の
株価が復活する
ことはなく…
私の…
私の貯金が
溶け……
スン…
し〜ん…
いや…
好きな企業を
応援したいなら
その企業の
商品やサービスを
買うだけで
じゅうぶんじゃん…
なんでわざわざ
株を買うのさ…
と思われるかも
しれません
いやおっしゃる
通りでございます
私の例のように
投資は
してみたいが
よく分からない
どこに投資すれば
いいかも分からない
という状態だと
好きな企業を
応援するつもりで
投資しようよ!
という言葉や
有名な
インフルエンサー
推奨の銘柄だよ!
という言葉が

これさえ買えば大丈夫！
おお…言われてみればそんな気が…
という「正解」のように聞こえてしまい
対象をろくに知らないのに買う判断をさせてしまうのかなあと思います
もっと考えるべきだった…
好きな企業を応援するつもりで投資しようよ！
は
好きな企業なら徹底的に調べるのも苦にならないでしょ？
それをした上で株価が上がると思うなら投資すればいいよ
という意味だし
有名なインフルエンサー推奨の銘柄だよ！
は
有名だからといって正解ではないし単なる案件の可能性もある
その銘柄がどうなっても結局自己責任だよ
という意味なので
もしも
投資はしたいけど何をしたらいいか分からない
誰か正解を教えて〜
という状態の方はくれぐれも気を付けてください…

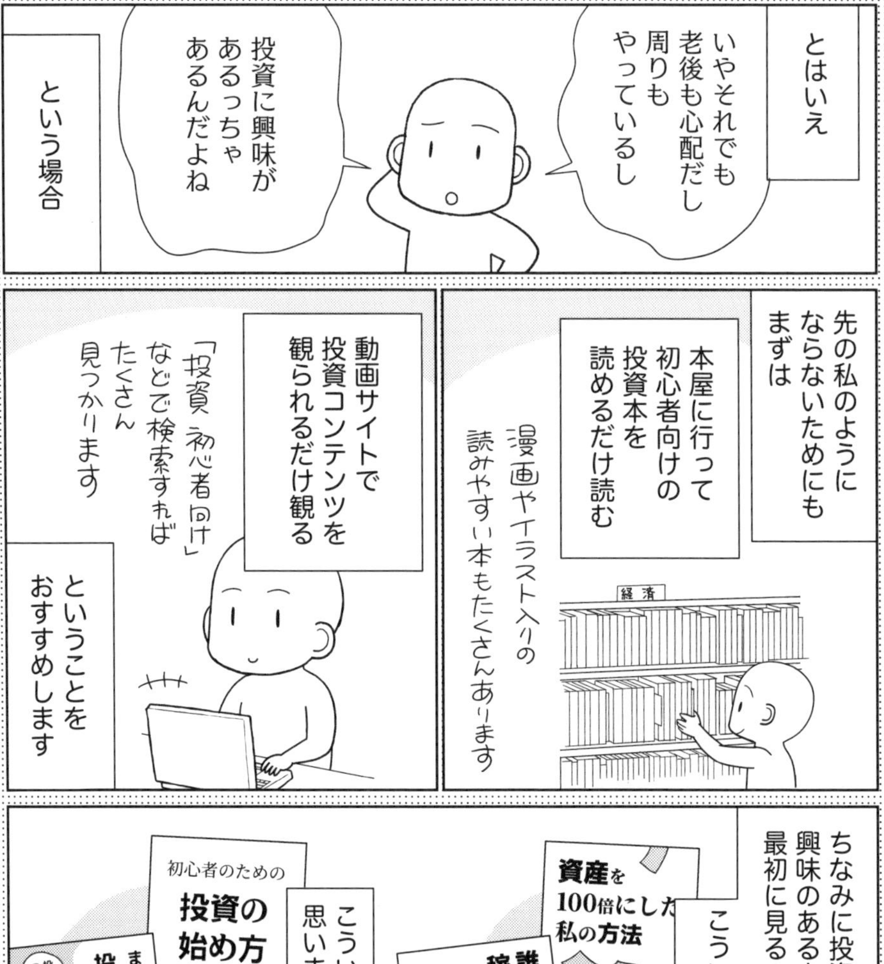
とはいえ
いやそれでも老後も心配だし周りもやっているし
投資に興味があるっちゃあるんだよね
という場合
先の私のようにならないためにもまずは
本屋に行って初心者向けの投資本を読めるだけ読む
漫画やイラスト入りの読みやすい本もたくさんあります
経済
動画サイトで投資コンテンツを観られるだけ観る
「投資 初心者向け」などで検索すればたくさん見つかります
ということをおすすめします
ちなみに興味のある人が最初に見るべきは
こういうものではなく
資産を100倍にした私の方法
投資家○○が推薦
目指せ！一攫千金！
誰でも◯億稼げる投資法
10選
メディアでも紹介！話題沸騰の1冊！
有料級！
テンバガー5選
20xx年 10倍になる株
こういうものだと思います
初心者のための
投資の始め方
資未経験の私でも
じめられました！
まんがでわかる投資の入門
投資信託って何？
債券って？
利回りってどういう意味？
ぼくたちとはじめよう！
超初心者向け
これから新NISAをはじめる人へ
分かりやすく説明するよ！

※「ポンジスキーム」で調べてください…

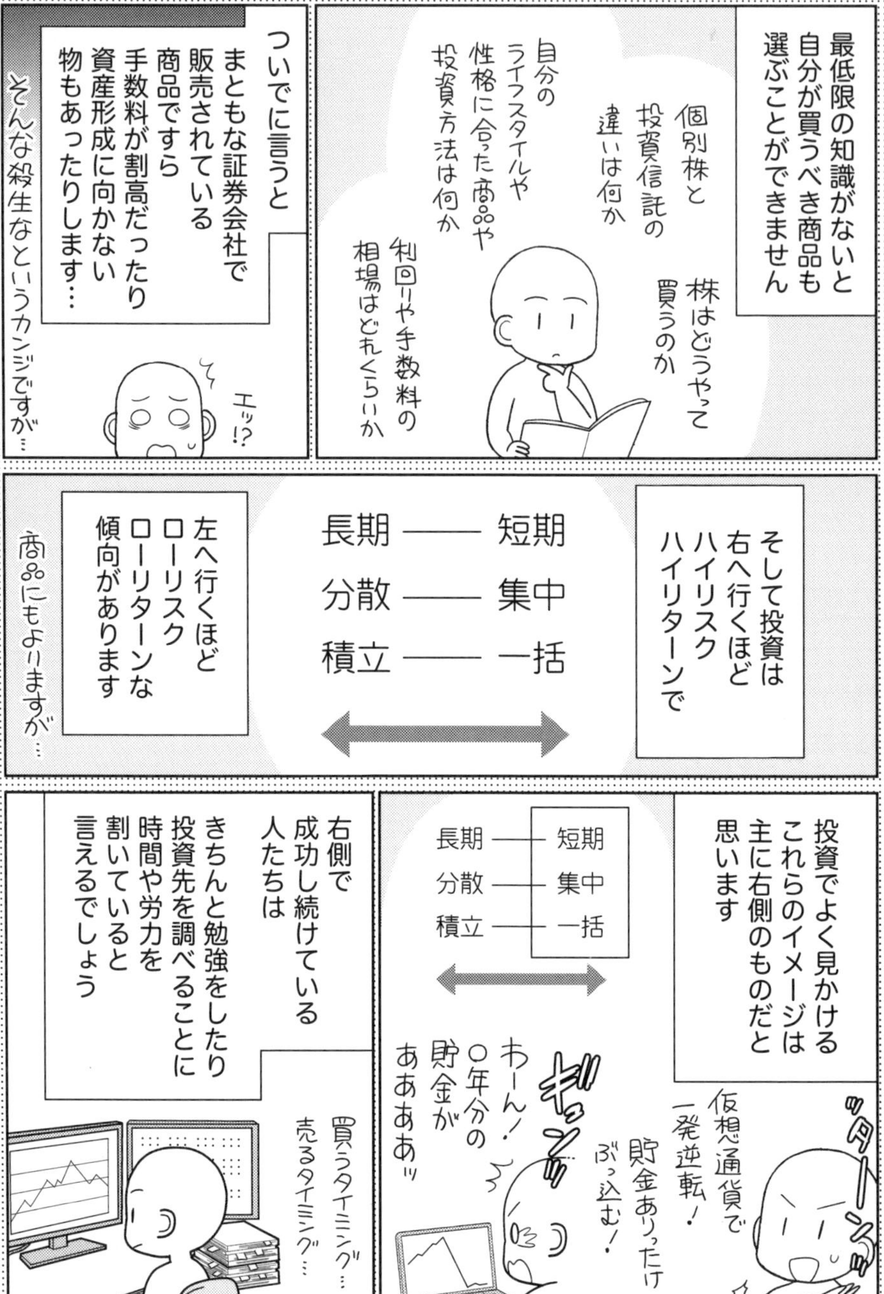

最低限の知識がないと自分が買うべき商品も選ぶことができません
個別株と投資信託の違いは何か
株はどうやって買うのか
自分のライフスタイルや性格に合った商品や投資方法は何か
利回りや手数料の相場はどれくらいか
ついでに言うとまともな証券会社で販売されている商品ですら手数料が割高だったり資産形成に向かない物もあったりします…
エッ!?
そんな殺生なというカンジですが…
そして投資は右へ行くほどハイリスクハイリターンで
短期 ―― 長期
集中 ―― 分散
一括 ―― 積立
左へ行くほどローリスクローリターンな傾向があります
商品にもよりますが…
投資でよく見かけるこれらのイメージは主に右側のものだと思います
長期 ―― 短期
分散 ―― 集中
積立 ―― 一括
ッターン
仮想通貨で一発逆転!
貯金ありったけぶっ込む!
ギュンッ
わーん!○年分の貯金がああああッ
右側で成功し続けている人たちは
きちんと勉強をしたり投資先を調べることに時間や労力を割いていると言えるでしょう
買うタイミング…
売るタイミング…

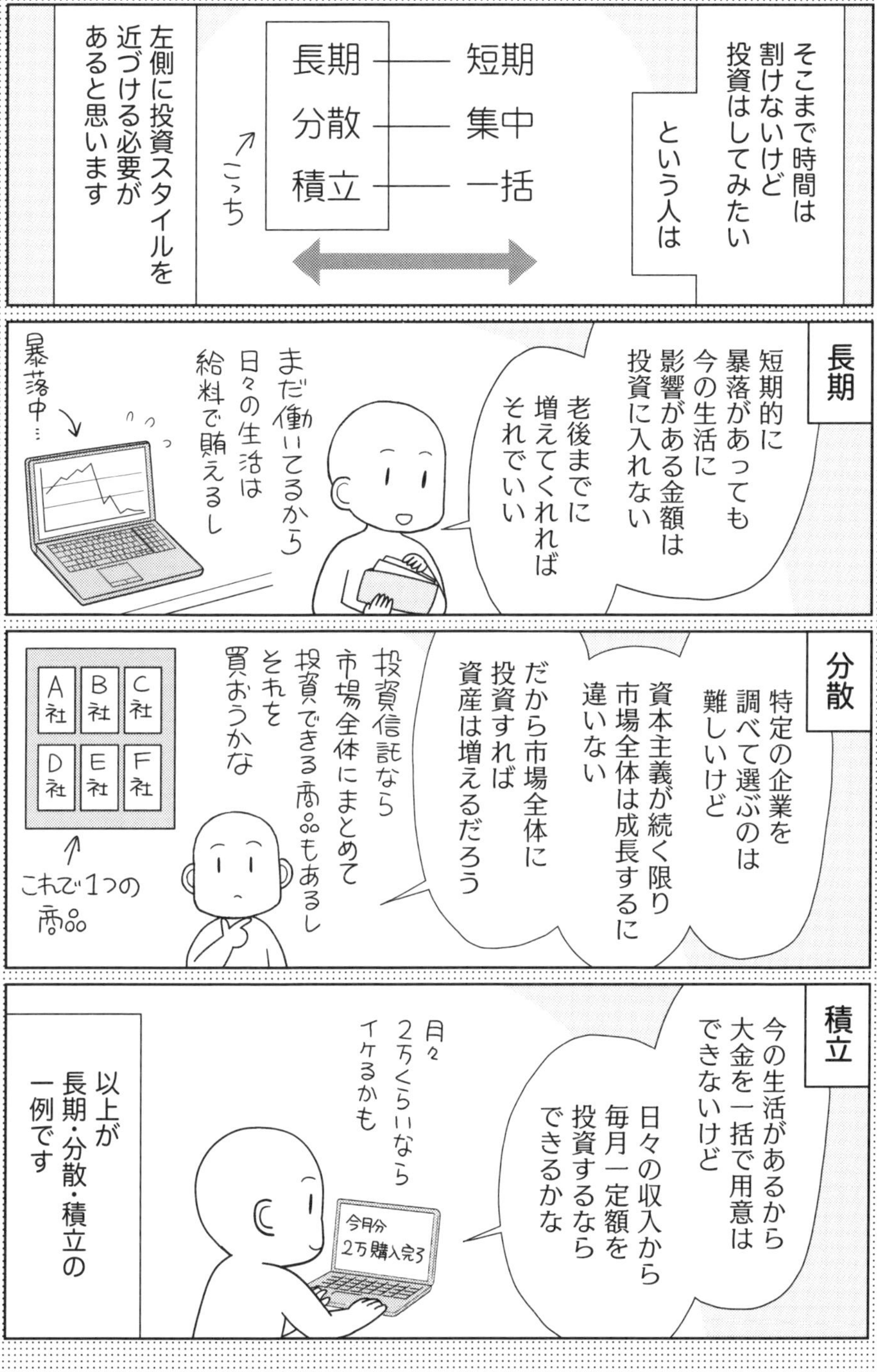

そこまで時間は割けないけど投資はしてみたい
という人は
短期 集中 一括
長期 分散 積立
こっち
左側に投資スタイルを近づける必要があると思います
長期
短期的に暴落があっても今の生活に影響がある金額は投資に入れない
老後までに増えてくれればそれでいい
まだ働いてるから日々の生活は給料で賄えるし
暴落中…
分散
特定の企業を調べて選ぶのは難しいけど
資本主義が続く限り市場全体は成長するに違いない
だから市場全体に投資すれば資産は増えるだろう
投資信託なら市場全体にまとめて投資できる商品もあるしそれを買おうかな
A社 B社 C社
D社 E社 F社
これで1つの商品
積立
今の生活があるから大金を一括で用意はできないけど
日々の収入から毎月一定額を投資するならできるかな
月々2万くらいならイケるかも
今月分 2万購入完了
以上が長期・分散・積立の一例です

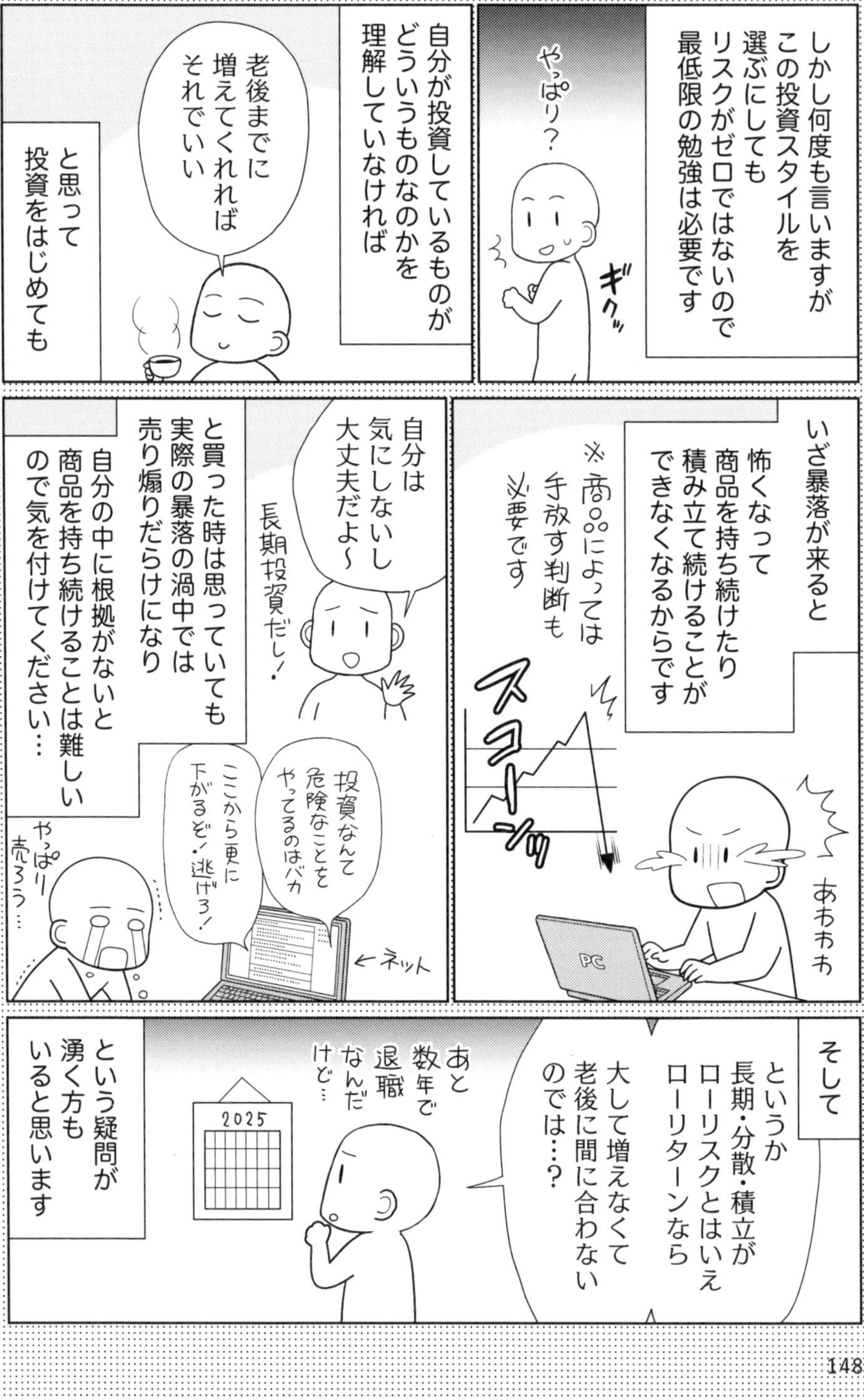
しかし何度も言いますが
この投資スタイルを
選ぶにしても
リスクがゼロではないので
最低限の勉強は必要です
やっぱり？
ギクッ
自分が投資しているものが
どういうものなのかを
理解していなければ
老後までに
増えてくれれば
それでいい
と思って
投資をはじめても
いざ暴落が来ると
怖くなって
商品を持ち続けたり
積み立て続けることが
できなくなるからです
※商品によっては
手放す判断も
必要です
ストーンッ
あおおぉ
PC
自分は
気にしないし
大丈夫だよ～
長期投資だし！
と買った時は思っていても
実際の暴落の渦中では
売り煽りだらけになり
投資なんて
危険なことを
やってるのはバカ
ここから更に
下がるぞ！逃げろ！
←ネット
やっぱり
売ろう…
自分の中に根拠がないと
商品を持ち続けることは難しい
ので気を付けてください…
そして
というか
長期・分散・積立が
ローリスクとはいえ
ローリターンなら
大して増えなくて
老後に間に合わない
のでは…？
あと
数年で
退職
なんだ
けど…
2025
という疑問が
湧く方も
いると思います

ローリスクのままでそれを解決するには
収入を増やしたり不要な支出を減らして入金する種銭を増やすか
働く期間を延ばすなどの対策が必要です
毎月の入金を2万から3万に…
定年後も働いたり…
ハイリスクにすれば資産が増える速度は上がるかもしれませんが大きく減らす可能性も増えます
短期 長期
集中 分散
一括 積立
自分がどの程度までリスクを取れるのかよく考える必要があります
収入を増やしたり節約をしたりしながら捻出したお金で
誰もが買える商品にコツコツ投資していく
というのは地味でつまらない感じがしますが
毎月自動でコツコツコツコツ…
今月分買いました
ピロン
積立完了!
それでも長期間行えばインフレや物価高を乗り切るための重要な資産になる可能性があります
ここであげた例はあくまで一例で商品によっては当てはまらない場合もあります
性格的に投資に向かない人もいますしするしないは個人の自由です
自身が将来どのように生きていきたいかをよく考えて
自分の生活や性格に合った資産形成の方法を選ぶことが大切だと思います
私もよく考えねば…

第16話

あれから1年が経って…

その後
家計簿のこととか
調子はどう？
いや～…
正直
信じられないくらい
変わったよ！
おお
言われた通り
最初は「固定費」を
見直したんだ
スマホは検討の結果
格安SIMのものに
変えたから支払いは
月々数千円安くなったよ
店頭に行ったから
変更手続きも
すごく簡単だったし
使い勝手も
今までのスマホと
全然変わらないし
「なぜ早く
変えなかった私…」
ってなったよ
ハイこれで
手続き
終了です～
えっ
もう？
うんうん
あと
昔社会人に
なりたてのころに
何となく入った
保険があったんだけど
大人なんだし
保険に入らねば！って
ノリだった気が…
こちらは
貯蓄型死亡保険
でして…
ふむ
ふむ

最後まで払いきれば
損はしない保険だったけど
よくよく調べたら
そこまで保障が手厚い
わけじゃないし
60まで払い続けたら
65から色がついて
分割で返ってくる感じか…
子どももいないし
今死んでも
お葬式代に
なるだけだし…
契約書
この条件で
60歳まで保険料を
支払い続けるのも
なあ…と思って
窓口に問い合わせて
色々聞いてみたら
今解約しても
思ったより
元本割れしないで
済むことが分かって
長年ぼんやり
疑問だったことが
一度聞いただけで
解決するという…
何となく
「途中解約すると
戻るお金が
半分くらいになる」
と思い込んでたけど
実際は9割くらい
戻ったんだよね
だから思い切って
解約したよ
※解約返戻金の割合は
契約内容によって違います
年齢を
重ねているので
同じ条件での再加入は
できませんが
良いですか？
はい大丈夫
です〜
おお〜
すばらしい
「贅沢費」部分に
関しては…
家計簿を
つけ直した時に
出た
一人外食や
買い食いの支出
¥21,300
という数字が
すごい抑止力に
なってて
多少使ってるとは
思ってたけど
まさかこんなに!?
¥21,300
ガーン
Yさんは「贅沢費」を
このように分けている
贅沢費
カフェ代
趣味
買い食いや
1人外食は
ココ

今ではほぼ寄らずにすんでるよ
まさかのショック療法か
スン…
ちょっと買いたくなる時に
大した値段じゃないけどこれが積み重なってあの金額になってたんだよな…
って思うようになってしまいには
むしろこれを買ったら支出がかさむ上に太るんだよな…
私もしかして今までお金払った上で太っていたのでは？
なんて思えるようになってきて
支出ついでにちょっと体重も減ったんだよね
エヘッ
それはすごいなー
あとは片付けをしたかな
スッキリ…
たしかに…前来た時と部屋の状態が全然違うね

コスメやら服やらバッグやらが多いのは分かってたけど片付けてたら似たような形や色や用途の物がかなり出てきてね…
こんなにも重複買いをしてたんだって愕然《がくぜん》としたよね…
ハハ…
いやそれ割と普通のことなんだよね
そうなの？
化粧品はイエベ秋が好き
色は黄色が好き
バッグの形はハンドバッグが好き
人って好みの色や形があるから
意識して買わないとだいたい似たりよったりな物が集まりがちなんだよ
数はあるのに色や形にバリエーションがない…
ほんとそれだったわ
だから買い物に行く前にクローゼットの中の写真を撮っておくようにしたら
カシャ
買う前に確認ができるようになって衝動買いが減ったんだよね
かわいいけど似たようなの持ってるな
それはいいアイデアだね

そして今回やってみたことで
一番効果が大きかったと
感じたのは
「クレカから
現金払いに
変えたこと」だね
ポイントも貯まるし
現金払いにしたら
損だと思って
ずっとクレカを
使ってきたけど
1万円の1%…
100ポイントゲット!
月末に来る
想定以上の支払いに
本当に困らされてきたから
ぎゃ〜
こんなにクレカ
使ったっけ?
残高足りるかな〜〜〜
ふむふむ
月初に
必要な生活費をおろして
なるべく
その範囲内で
生活する
私が1ケ月で
使う金額は
だいたい○万円
どうしてもクレカを
使う時は
その場で
使った金額分を
封筒によけて
クレカで
使った5000円は
封筒によけるっと…
クレカ用

次の月のはじめに必要な生活費を下ろすと同時に
封筒によけていたお金をクレカ引き落とし用に入金する
を毎月やってるよ
入金！
出金と入金を同時にやるから変な感じではあるんだけどね
まあでも本人がわかりやすいのが一番だから
この方法だとクレカ引き落とし時に残金不足にならないし
手元の現金が使えるお金のすべてってわかりやすいから自然と無駄遣いも減るようになったよ
へええ～～～
お金を払うと同時にお金がなくなるっていう当たり前のことで
こんなにも家計管理が楽になるとは思わなかったね
今まで家計管理がグダグダになってたのはこれが大きな原因だったんだなと思った
クレカ支払い分のお金をよけるのは面倒だし継続できるか心配だったけど…
クレカメインで支払ってた時の家計管理の煩雑さに比べたらぜーんぜん平気！
私にとっては楽ちんそのものだわ
なるほど

そして「要・不要別の家計簿」と「月別のまとめ表」をつけていってたら
毎月平均いくらくらいで生活してるかわかるようになってきたから
1月
2025年
遂に月3万を別口座に自動送金設定して
先取り貯金
できるようになったんだ
ブイッ
パチ
パチ
おお〜〜〜すごいじゃん！
以前先取り貯金にチャレンジした時は
家計簿をつけていなくて先取り金額も当てずっぽうだから
2〜3ヶ月で結局崩したりして挫折しちゃってたけど
よし！今月から月5万は貯めていこう！
早くみんなと同じ貯金額にしていかなきゃ！
なんでか残りのお金でまわせないんだよな…
結局毎回先取りした貯金をおろす羽目に…
ATM
ズーン…

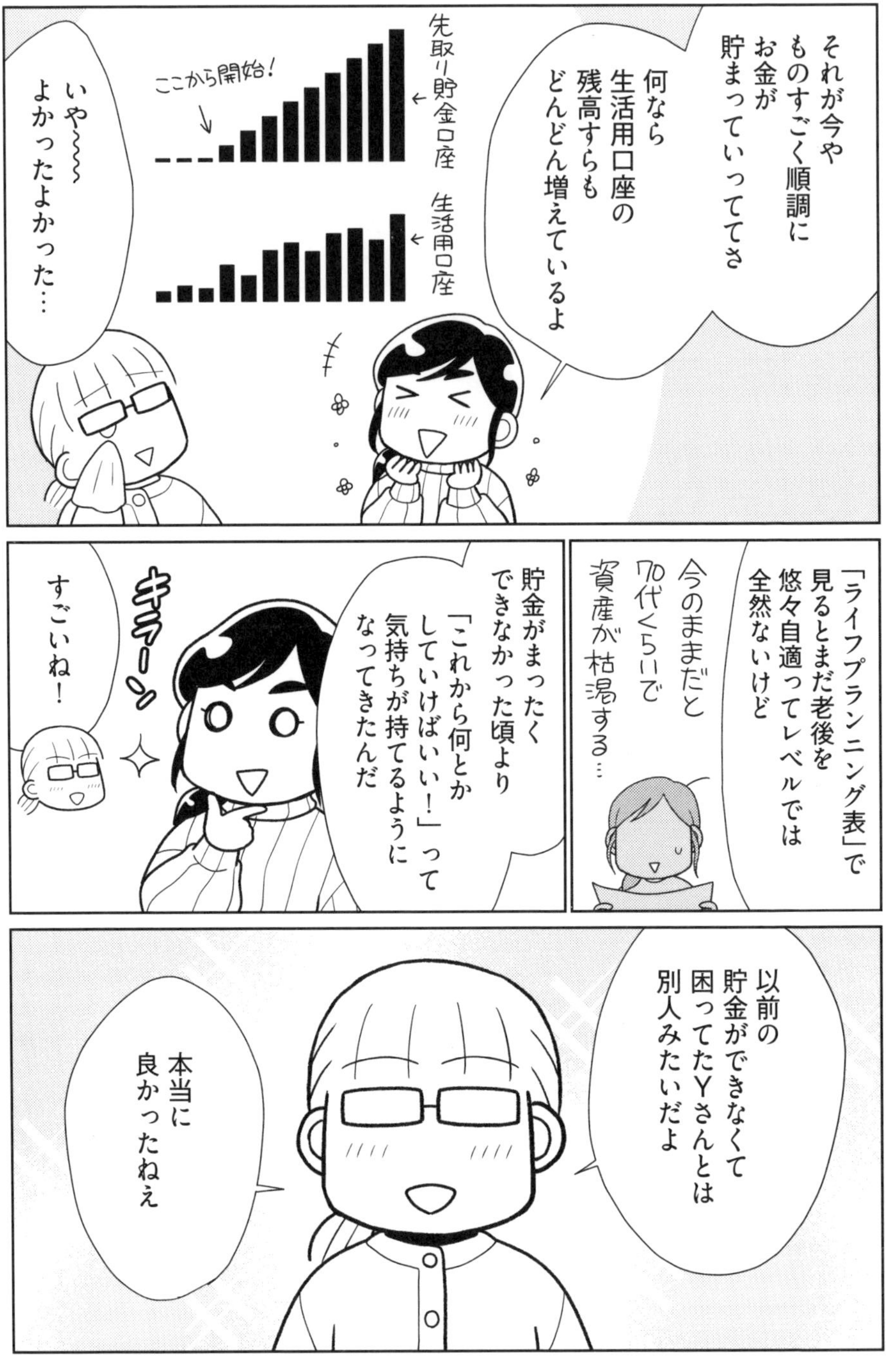

それが今や
ものすごく順調に
お金が
貯まっていっててさ
何なら
生活用口座の
残高すらも
どんどん増えているよ
先取り貯金口座
ここから開始！
生活用口座
いや〜〜
よかったよかった…
「ライフプランニング表」で
見るとまだ老後を
悠々自適ってレベルでは
全然ないけど
今のままだと
70代くらいで
資産が枯渇する…
貯金がまったく
できなかった頃より
「これから何とか
していけばいい！」って
気持ちが持てるように
なってきたんだ
キラーン
すごいね！
以前の
貯金ができなくて
困ってたYさんとは
別人みたいだよ
本当に
良かったねえ

……
……
あれ？どうした？急に静かに…
ポロ ポロ
Yさん!?

ははは… ごめんね 急に
い、いや いいけど 大丈夫？？
ギュ…
あ〜…
私…
グス…
今まで本当に 貯金ってできたことなくて…
周りの人は なんだかんだで 貯金できてるみたいなのに
自分はずっと 苦手なまま なかなかできなくて…
今使うお金も 大事だけど 老後資金も 考えないと ね〜
私 最近 投資はじめた よ〜〜
貯金しなきゃって 焦って毎回 挑戦してみるんだけど 一度も成功してないから
今回だって どうせ 失敗する
できた試しが ないんだもん
ちょっと 貯まったとしても どうせまた 残高は0になる
ってどこかで 思うように なってたと思う

貯金術的な本を
読んでみても
どうやって
自分のケースに
当てはめたらいいのか
分からないし
よし!
先取り貯金を
してみるか
貯金術
わわ!
クレカの
引き落としが
あるの
忘れてた!
結局貯金を
崩しちゃって
また0に
なっちゃった…
色んな節約術も
試してみたけど
多忙だったり
ストレスがたまると
いつの間にか
継続できなくなって
買い食いは
絶対しない!
遊びは
半分に減らす!
無理を
しているので
結局
続かない
ムグ…
既存の家計簿の
ルールに従って
つけてみても
その数字から
何を汲み取れば
いいのか
そして
何をすれば
いいのか
分からなくて
ずうっと
混乱してて
うん…
家計簿

実は以前金銭的に困ってた時
親に助けてもらったこともあったんだ
最近色々出費が重なっちゃって…
大丈夫なの？これで何とか立て直しなさい
うん…ごめん…
そのお金は極力使わないようにしようって思ってたのに
これは年金生活の親が出してくれたお金なんだ…
本当に困った時に使うんだ…
自分の収入の範囲内でやりくりしなきゃ
結局少しずつ使わざるを得なくて
今月あと5000円足りない…
何でこうなるんだろう…
それが本当に申し訳なくて……
……

なんでこうなっちゃうんだろう
休日に別の仕事もするとかキツイ働き方をしなきゃダメなのかな
今でもブラック気味だしもう若くないのに…
今後病気や怪我で働くことができなくなった時にどうすればいいんだろう…
って不安で眠れない時もあったんだよね
でもそんな私が
そこまで生活を変えることなく
そこまで無理や我慢をすることなく
教えてもらったやるべきことを淡々とやっていったら
現金決済をして
10000
要・不要別の家計簿
月別のまとめ表
ライフプランニング表をつけ
片付けをして

口座の残高が少しずつ右肩上がりになってるんだよ…
親から借りたお金も少しずつ返していけてるんだよ…
「少しでもつまづいたら詰んじゃうんじゃないか」じゃなくて「自分はまだまだ生きていけるんだ」って展望が持てるようになったんだよ
Yさん…
いやー本当にありがとう！ 色々教えてくれて
ぎゅ
いやいやいや
Yさんが自分が今どう困ってるのか本当に具体的に明かして相談してくれたから
私が知る限りでできそうだと思ったことを伝えただけ…
本当に

大げさじゃなく
なぎまゆさんのこと
命の恩人だと
思ってるよ
…ッ
大げさだよ…
よし！
元気も出たし
貯金もできて
きたところで！
今度こそ
前に行けなかった
旅行に行こう！
ビッ
カァ…
スチャ
おおお？
友人との旅行は
私の中で要・不要の「要」！
「超重要」！
グッ
！
そのために
「不要」を削って
きたんだし！
そのために
貯金して
きたんだからね！
うん！

まとめ

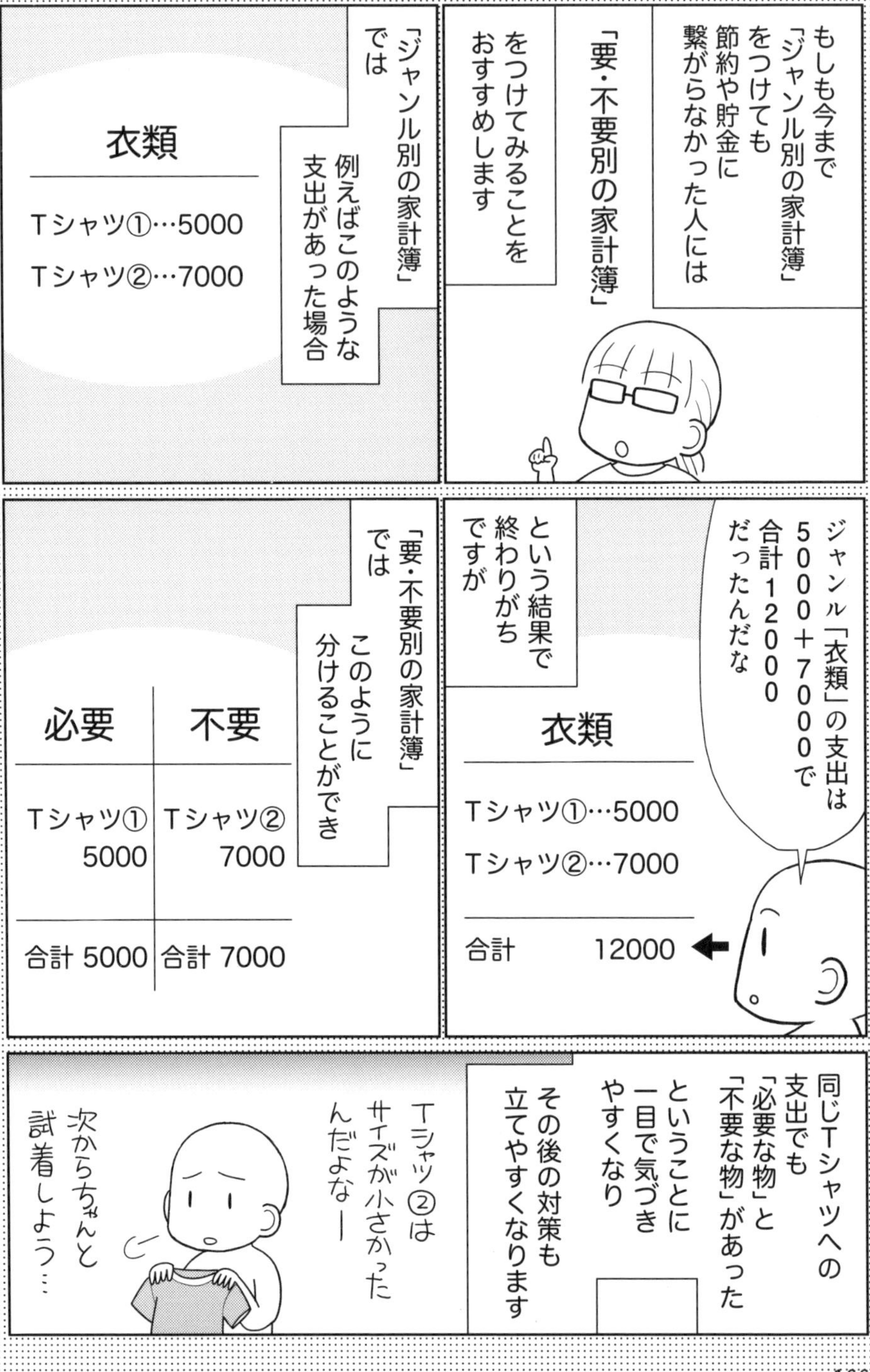

もしも今まで「ジャンル別の家計簿」をつけても節約や貯金に繋がらなかった人には
「要・不要別の家計簿」
をつけてみることをおすすめします
「ジャンル別の家計簿」では
例えばこのような支出があった場合
衣類
Tシャツ①…5000
Tシャツ②…7000
ジャンル「衣類」の支出は5000＋7000で合計12000だったんだな
という結果で終わりがちですが
衣類
Tシャツ①…5000
Tシャツ②…7000
合計 12000
「要・不要別の家計簿」では
このように分けることができ
必要
不要
Tシャツ① 5000
Tシャツ② 7000
合計 5000
合計 7000
同じTシャツへの支出でも「必要な物」と「不要な物」があった
ということに一目で気づきやすくなり
その後の対策も立てやすくなります
Tシャツ②はサイズが小さかったんだよなー
次からちゃんと試着しよう…

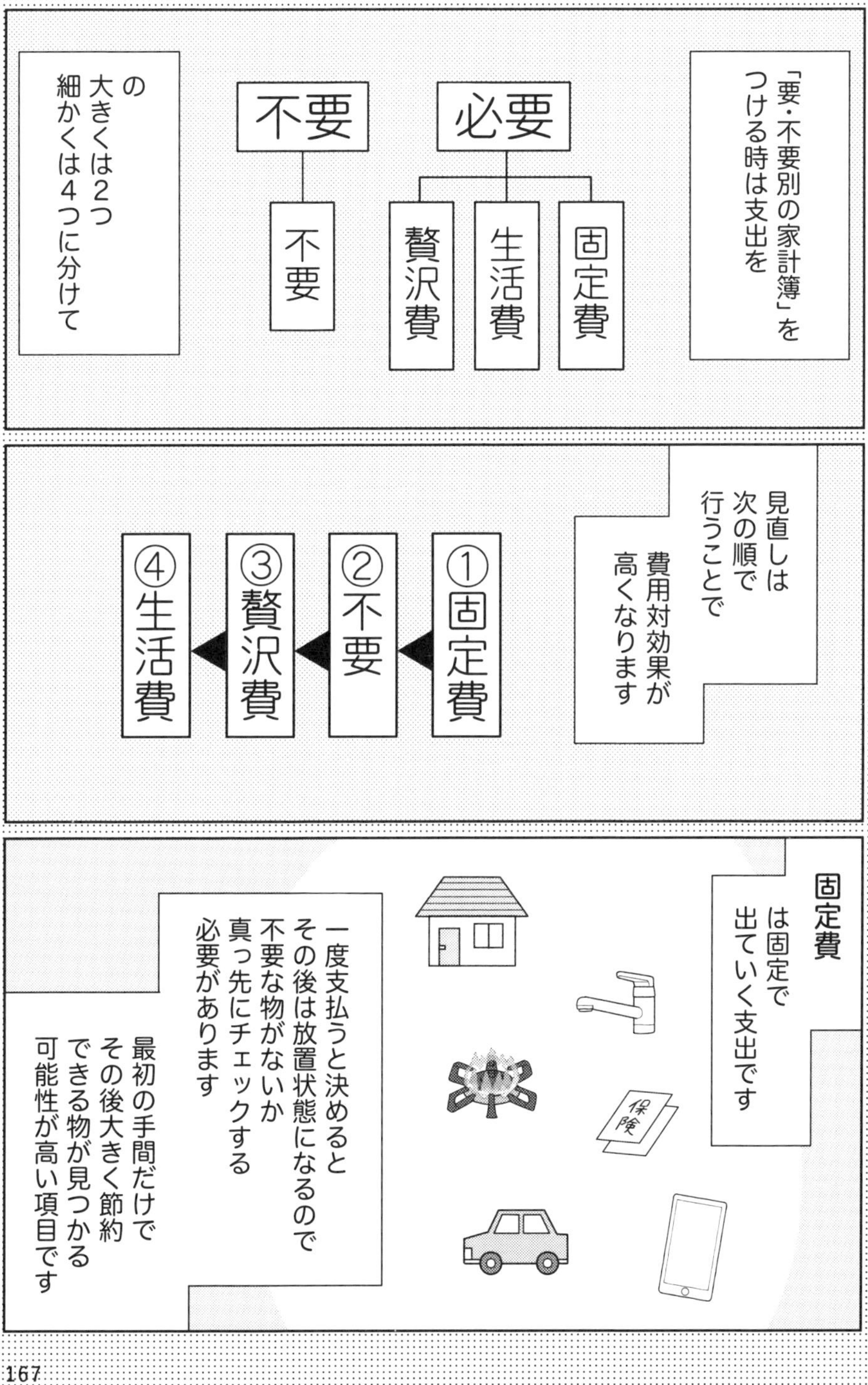
「要・不要別の家計簿」をつける時は支出を
必要
固定費
生活費
贅沢費
不要
不要
の大きくは2つ細かくは4つに分けて
見直しは次の順で行うことで費用対効果が高くなります
①固定費
②不要
③贅沢費
④生活費
固定費は固定で出ていく支出です
保険
一度支払うと決めるとその後は放置状態になるので不要な物がないか真っ先にチェックする必要があります
最初の手間だけでその後大きく節約できる物が見つかる可能性が高い項目です

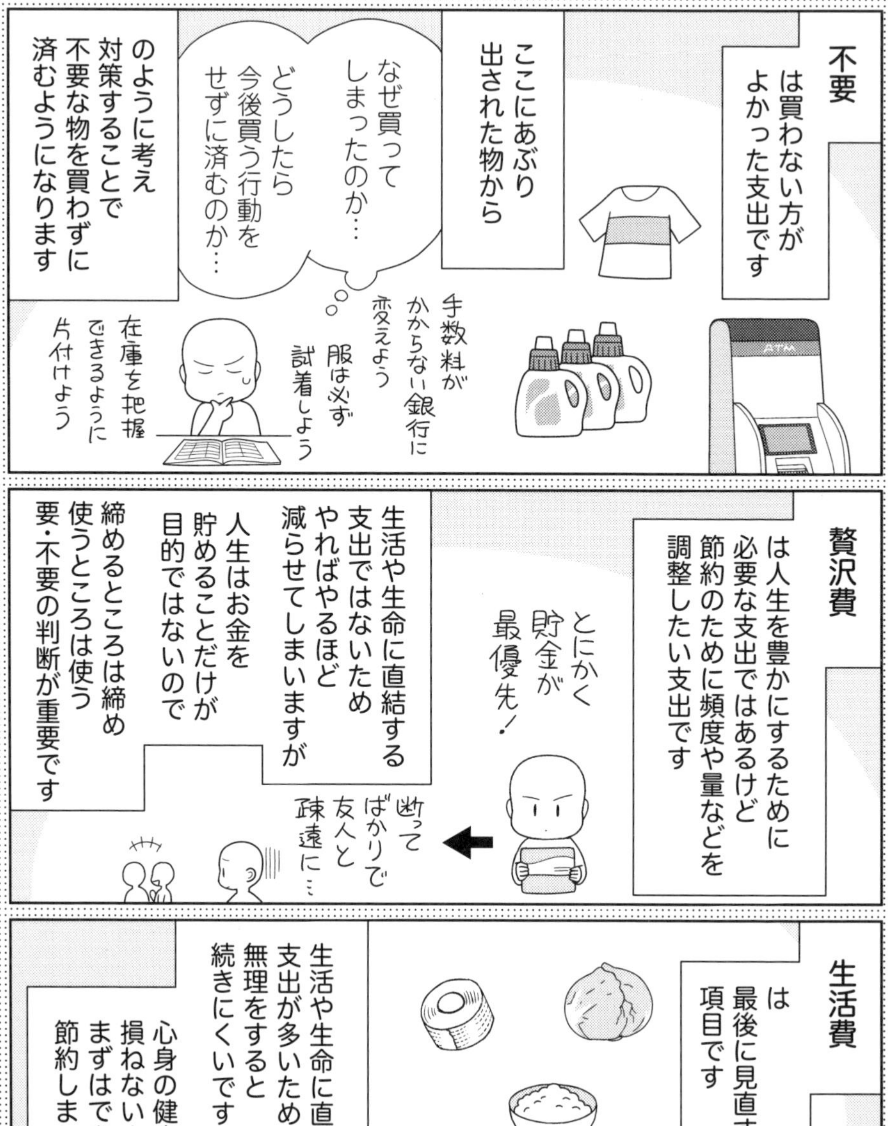
不要
は買わない方がよかった支出です
ここにあぶり出された物から
なぜ買ってしまったのか…
どうしたら今後買う行動をせずに済むのか…
手数料がかからない銀行に変えよう
服は必ず試着しよう
在庫を把握できるように片付けよう
のように考え対策することで不要な物を買わずに済むようになります
ATM
贅沢費
は人生を豊かにするために必要な支出ではあるけど節約のために頻度や量などを調整したい支出です
とにかく貯金が最優先!
断ってばかりで友人と疎遠に…
生活や生命に直結する支出ではないためやればやるほど減らせてしまいますが
人生はお金を貯めることだけが目的ではないので
締めるところは締め使うところは使う要・不要の判断が重要です
生活費
は最後に見直すべき項目です
マジック
生活や生命に直結する支出が多いため無理をすると続きにくいです
心身の健康を損ねないようまずはできる範囲で節約しましょう

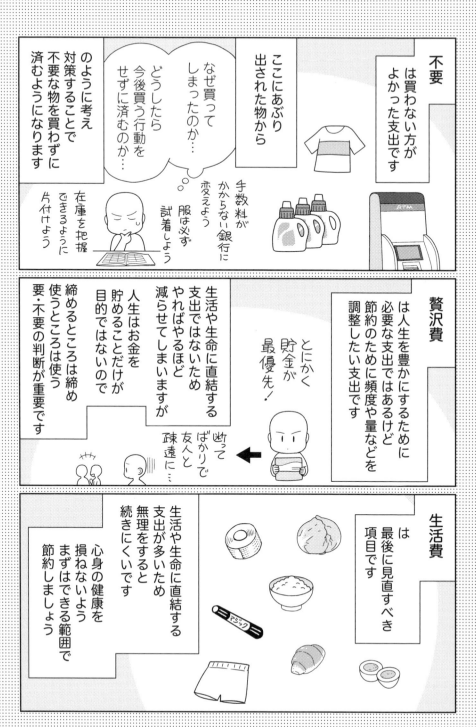

節約や貯金に大切なのは習慣と継続です
節約のために何でもかんでも支出を削ることを推奨しないのは
何を削ることは苦ではなくて何を削ったら苦に感じるのかは人によって違うからです
間食しなくても全然平気
間食ゼロは節約のためでもつらくて続かない…ッ
無理のない範囲で節約できることはないか
定期的に確認することが大切です
そして
今後の買い物で要・不要を正確に判断するために
片付けの習慣を身につけることも重要です
片付けをしていないと
今持っている物の在庫数が把握できなかったり
自分には何がいくつ必要なのかが分からないので
どうしても買い物の際に不要な物や余分な物を買ってしまいます
これほど貯金や節約の妨げになることはありません
あー また持ってることを忘れて
同じ物を買っちゃった…

	収入				固定費	生活費			贅沢費		不要		
	手取り収入	その他収入	①収入合計	収入メモ	固定費	食費	雑費	その他	カフェ代	趣味	不要	②支出合計	支出メモ
1	210000	10000	220000	フリマ	120000	35000	22000	30000	10000	20000	6000	243000	電子レンジ ライブ
2	210000	0	210000		120000	37000	24000	0	2000	3000	3000	189000	
3	210000	0	210000		120000	35000	19000	5000	4000	20000	2000	205000	ライブ
4	210000	0	210000		120000	35000	23000	0	3000	500	1000	182500	
5													
6				フリマ									
7													ライブ
8													
9													
10													
11													旅行
12				ボーナス									忘年会
	840000	10000	850000		480000	142000	88000	35000	19000	43500	12000	819500	

収入合計 850000　固定費合計 480000　生活費合計 265000　贅沢費合計 62500　不要合計 12000

	不要		
味	不要	②支出合計	支出メモ
000	6000	243000	電子レンジ ライブ
000	3000	189000	
000	2000	205000	ライブ
500	1000	182500	
			ライブ

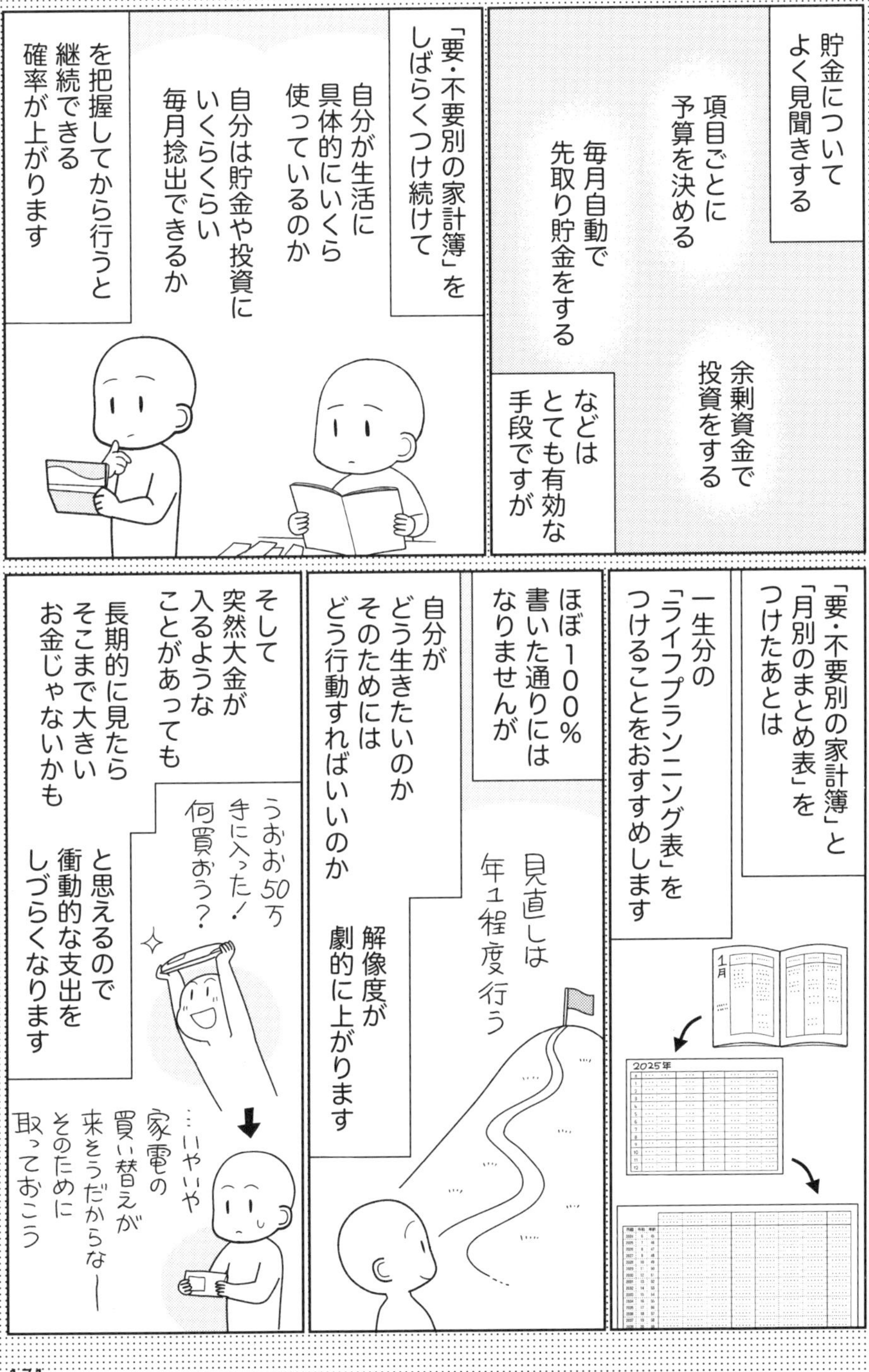

貯金について
よく見聞きする
項目ごとに
予算を決める
毎月自動で
先取り貯金をする
余剰資金で
投資をする
などは
とても有効な
手段ですが
「要・不要別の家計簿」を
しばらくつけ続けて
自分が生活に
具体的にいくら
使っているのか
自分は貯金や投資に
いくらくらい
毎月捻出できるか
を把握してから行うと
継続できる
確率が上がります
「要・不要別の家計簿」と
「月別のまとめ表」を
つけたあとは
一生分の
「ライフプランニング表」を
つけることをおすすめします
1月
2025年
ほぼ100％
書いた通りには
なりませんが
自分が
どう生きたいのか
そのためには
どう行動すればいいのか
解像度が
劇的に上がります
見直しは
年1程度行う
そして
突然大金が
入るような
ことがあっても
長期的に見たら
そこまで大きい
お金じゃないかも
と思えるので
衝動的な支出を
しづらくなります
うおお50万
手に入った！
何買おう？
…いやいや
家電の
買い替えが
来そうだからなー
そのために
取っておこう

ライフプランニング表をつけてみると
今のままだと色々と難しいなあ…
と感じることもあると思いますが
老後以前の問題なんじゃ…
今の自分では知らない知識や何とかする方法が今後見つかるかもしれない
意識していれば情報が目に入ってくるようになる
やるべきことはやっている
あとは何とかなるし何とかする
こういう節約方法があるんだよ
えっそんな方法があるんだ〜!
という気持ちも大切です
人生はお金を貯めるためだけにあるわけではありません
「要・不要別の家計簿」をつけて収入や支出を把握し不要な支出は減らしていく
そして自分自身が必要と思った様々な価値に対して上手にお金を使い
並行して資産も作っていく
それができればお金でもお金以外でも豊かな人生が送れるのではないかと思っています
ではでは!

友人との旅行は
私の中で要・不要の「要」！
「超重要」！
そのために「不要」を削ってきたんだし！
そのために貯金してきたんだからね！
うん！

あとがき

ここまで読んでくださり、ありがとうございました。

私が「要・不要別の家計簿」の重要性に気付いたのは、かつてのYさんと同様に「ジャンル別の家計簿」をつけてはみたものの、びっしり並んだ文字と数字の情報から何を読み取っていいのか分からず「だから何?」となってしまい、記録し続けることができなかった経験があったからです。

今思えば「家計簿をつける」という「手段」を、いつの間にか「目的」にしてしまっていたのだと思います。

「家計簿をつけることで何を把握したいか」「それを把握してどうしたいか」という本来の「目的」をはっきりさせること、そのための「手段」として「現金決済にする」「コンビニでの買い食いは控える」など、自分の生活や性格に合ったやり方を見つけて実行することが大切だと思います。

Afterword by Nagimayu

今回本文の中で様々なお金に対する考え方を紹介しましたが、結局のところ「これさえやれば大丈夫」「我慢や努力をすれば大丈夫」ではなく「自分の人生にとっての要・不要を判断して無駄な支出を削る」「そこで生まれた余裕を本当に必要なことに使う」「それを実現するためにも、心身の健康に気をつける」といった行動を続けることで、お金も、お金以外の大切なことも、豊かにしていくことができるのではないかと思います。

そして、どう工夫しても自分だけではどうにもならないと感じた時は、福祉などを頼ることも大切です。必要な人に必要な支援が行き届く社会であってほしいと思います。

友人Yさんをはじめ、この本の執筆を支えてくれた人たち、出版に関わったすべての人たちに心から感謝します。

物事《ものごと》を「いる・いらない」に分《わ》けただけで、貯金《ちょきん》ゼロから「貯《た》められる人《ひと》」になりました

2025年2月15日　初版発行

著　者
なぎまゆ

発行者
山下 直久

発　行
株式会社KADOKAWA
〒102-8177　東京都千代田区富士見2-13-3
電話 0570-002-301（ナビダイヤル）

印刷・製本
TOPPANクロレ株式会社

ISBN 978-4-04-684162-9　C0077